UNA REVISIÓN DE LA HISTORIA A TRAVÉS DE LAS GAFAS DEL PRESENTE

UNA EMPRESA REDONDA

El viaje de Magallanes y Elcano que cambió el Mundo

RAQUEL S. ARMÁN
JESÚS RIPOLL

Con prólogos de Javier Iriondo y de Ángel Rielo

Helpers Speakers

© Helpers Speakers
www.helpersspeakers.com

© Helpers Consulting S.L.

© Raquel Sánchez Armán y Jesús Ripoll López

Asesoramiento, coordinación y edición: Isabel Merino Pella

Parte de la documentación de este libro se ha apoyado en la investigación de Tomás Mazón Serrano, autor del blog de referencia "Ruta Elcano. Viaje a la historia".

Todos los vídeos que aparecen en este volumen han sido cedidos por sus propietarios para esta edición y su promoción.

ISBN (papel): 9798838408556

Primera edición: junio de 2022
Segunda edición: agosto de 2022

Impreso en España

Reservados todos los derechos. Salvo excepción prevista por la ley, no se permite la reproducción total o parcial de esta obra, ni su incorporación a un sistema informático, ni su transmisión en cualquier forma o por cualquier medio (electrónico, mecánico, fotocopia, grabación u otros) sin autorización previa y por escrito de los titulares del copyright. La infracción de dichos derechos conlleva sanciones legales y puede constituir un delito contra la propiedad intelectual.

Pasamos penalidades que solo Dios sabe.
(Elcano en la carta a Carlos I)

ÍNDICE

PRÓLOGO DE JAVIER IRIONDO 11
PRÓLOGO DE ÁNGEL RIELO 13
INTRODUCCIÓN 17
NOTA DE LA AUTORA 21
NOTA DEL AUTOR 23

PARTE 1: EL PROYECTO 25

Capítulo 1: De "estartapero" a unicornio 27
Capítulo 2: Demanda del mercado 29
Capítulo 3: *Environment*: marco histórico 33
Capítulo 4: El pelotazo de dos pymes: Portugal y España 35
Capítulo 5: Emprendedor busca *business angel* para relación seria 37
Capítulo 6: Firma del contrato: misión, visión y valores 41
Capítulo 7: Innovación 43
Capítulo 8: Superación del miedo.
Del "aquí siempre lo hemos hecho así" al cambio de perspectiva 45
Capítulo 9: Los empleados del año: los protagonistas 49
Capítulo 10: Plan de empresa: búsqueda de inversores
para empresa multinacional de capital riesgo 57
Capítulo 11: *Corporate* 61
Capítulo 12: La competencia, el espionaje industrial y
la desinformación: se copian las ideas, pero no el talento 65
Capítulo 13: Fuga/retención del talento 69

Capítulo 14: Bicefalia: consejero externo impuesto
por los accionistas 71

Capítulo 15: Clima laboral. *Mobbing* 75

Capítulo 16: *We are hiring!* Proceso de selección,
entorno multicultural..77

Capítulo 17: Remuneración e incentivos 83

Capítulo 18: Proveedores. Recursos, planificación
y puesta en marcha 89

Capítulo 19: Importancia de las RRSS,
Pigafetta *community manager* 93

PARTE 2: LA TRAVESÍA 97

Capítulo 20: Empieza el viaje. Cuaderno de bitácora 99

Capítulo 21: Organización. El barco como lugar de trabajo:
la vida (y la muerte) a bordo 103

Capítulo 22: Los llorones y chismosos de la máquina de café 107

Capítulo 23: Resolución de conflictos: intrigas en los pasillos
y personas tóxicas 109

Capítulo 24: El antilíder 111

Capítulo 25: Experiencia del empleado: *team building*
y motivación del equipo 115

Capítulo 26: Análisis y toma de decisiones 121

Capítulo 27: Código de conducta, expediente sancionador
y castigo ejemplarizante 125

Capítulo 28: Gestión de la adversidad 129

Capítulo 29: RSC: Responsabilidad Social Corporativa 131

Capítulo 30: Desarrollo del pensamiento crítico.
Engagement, orgullo de pertenencia 135

Capítulo 31: Prueba-error: la soledad del directivo 139

Capítulo 32: Cómo reconocer a un empleado tóxico 143

Capítulo 33: ¿Qué hacer cuando el tóxico es el jefe?
Abandonar el barco 145

Capítulo 34: Nuevas habilidades directivas: en busca de
las *soft skills* y del liderazgo carismático 147

Capítulo 35: Perseverancia para la consecución de objetivos 151

Capítulo 36: Gestión del fracaso. El empeoramiento
empieza a empeorar 153

Capítulo 37: ¡Tierra (redonda) a la vista! 157

Capítulo 38: Justicia poética 161

Capítulo 39: *Focus*: pérdida del objetivo y el peligro de
anteponer intereses particulares a los de la empresa 163

Capítulo 40: *Engagement* y reconocimiento 171

Capítulo 41: Entorno D-VUCA: *Volatile, Uncertainty, Complex,
Ambiguous… and Disruptive* 175

Capítulo 42: Llegada de la prófuga San Antonio a Sevilla 177

Capítulo 43: Gestión de recursos 179

Capítulo 44: Liderazgo ético: gestión del éxito y pérdida de valores 181

Capítulo 45: Cambio en el CODIR: nueva cúpula directiva 185

Capítulo 46: *Mindset change!* Reconducir el proyecto, volver
a ilusionarse, consecución de objetivos 189

Capítulo 47: Alianzas estratégicas y expansión internacional 193

Capítulo 48: Fin de proyecto: misión cumplida… o casi 197

PARTE 3: NUEVO OBJETIVO 201

Capítulo 49: Nuevos objetivos: innovación y dejar un legado 203

Capítulo 50: No todo el mundo con talento consigue el éxito 207

Capítulo 51: Reilusionarse: proyecto redondo a la vista 211

Capítulo 52: El trágico destino de la nao Trinidad 213

Capítulo 53: Fracaso: la cara B de la exitosa empresa 219

Capítulo 54: Vuelta a casa: el trabajo en equipo y la ilusión como motor 223

Capítulo 55: La ejecución es más importante que la idea: movilizar a la gente y llevarla a cabo 227

Capítulo 56: Asumir riesgos: toma de decisiones 231

Capítulo 57: Es más importante solucionar el problema que buscar un culpable 235

Capítulo 58: Haciendo historia 239

Capítulo 59: Llegada de los héroes 243

Capítulo 60: Querido Rey: acabamos de dar la vuelta al mundo (Carta de Elcano a Carlos I) 247

Capítulo 61: Reunión en el despacho del jefe: la palmadita en la espalda 249

Capítulo 62: El salario emocional: medallas y reconocimiento 251

Capítulo 63: Los malos pagadores 255

Capítulo 64: *Headcount* 261

Capítulo 65: KPI: *Key Performance Indicators* 269

Capítulo 66: Cuota de mercado..273

Capítulo 67: La nao Victoria, una buena inversión 277

Capítulo 68: *Mentoring*...281

Capítulo 69: Elcano & Company. Vidas épicas, protagonistas anónimos y microhistorias 287

Epílogo 291

Agradecimientos conjuntos 297

Agradecimientos de Raquel 299

Agradecimientos de Jesús 301

Glosario 303

Bibliografía 311

Helpers Speakers 321

PRÓLOGO DE JAVIER IRIONDO

En la actualidad la mayoría de las personas tenemos un mismo enemigo en común, ese enemigo es la incertidumbre, que como un cielo negro amenaza tormenta, sin saber cuándo, ni cuánto descargará, ni cuáles serán las posibles consecuencias.

Navegar en esa incertidumbre nos hace vivir con tensión, con la sensación de alerta constante por la falta de control y seguridad que esperábamos y para la que hemos sido educados.

Las consecuencias de la imprevisibilidad, de la velocidad del constante cambio, del incierto escenario futuro hacia el que nos dirigimos, se traduce en numerosos conflictos emocionales, algo que todos podemos ver y sentir a nuestro alrededor y en nuestras propias carnes.

Tal vez hemos vivido demasiado bien, sin ser conscientes de ello. Tal vez vivíamos demasiado cómodos, asumiendo que eso era lo normal o era un derecho adquirido, y la vida no nos ha llevado a los límites en donde descubrimos nuestras verdaderas fortalezas.

Por eso decían los samuráis que no se forjan buenos guerreros en tiempos de paz, ni se forja un espíritu de superación cuando hay poco que superar. De la misma forma, cualquier historia de superación, toda gran historia épica, comienza con un drama, si no hay drama no hay nada que superar.

La historia en la que estás a punto de embarcarte y que en este momento sostienes frente a ti, tiene un tinte épico sin igual, dramático, una historia real como la vida misma, por momentos cruel. Una gesta que llevó al límite a unos locos aventureros ávidos de gloria.

Para la mayoría de aquellos intrépidos navegantes que dieron la primera vuelta al mundo, aquella travesía superó los límites de lo humano, al punto de que tan solo unos pocos fueron capaces de soportar aquel sufrimiento y la desesperación causada por la incertidumbre de no saber si alguna vez volverían a llegar a puerto.

Esta es la historia de unos locos aventureros que se jugaron la vida en busca de gloria, pero lo que tal vez no sabían es que para alcanzar la gloria hay que atravesar el infierno.

Son esas experiencias extremas las que nos enseñan las más duras pero valiosas lecciones. En este genial libro, sin tener que pasar por esas situaciones extremas, podrás encontrar esas grandes lecciones que te ayudarán a navegar por las tormentas de la vida por las que todos atravesamos.

Es un honor para mí escribir estas breves líneas a modo de introducción de esta gran obra por dos razones. La primera, por el arduo trabajo de investigación realizado por su coautora, la historiadora Raquel Sánchez Armán, para revelar de forma fidedigna una increíble historia desconocida por muchos. La segunda, que como vasco, nacido cerca de Guetaria y conocedor de la hazaña de Juan Sebastian Elcano, me honra el estar presente en este gran libro.

Ahora es tu turno, el momento de comenzar a navegar por estas páginas para descubrir los aprendizajes y extraer las grandes lecciones de la historia aplicadas a nuestra vida actual, a la empresa y al liderazgo.

¡Buena travesía!

PRÓLOGO DE ÁNGEL RIELO «FELICIÓLOGO»

Cuando te piden que escribas el prólogo de un libro hay sentimientos encontrados. Primero el ego te acelera el ritmo, pues se siente honrado, y luego ese mismo ego te dice que cuidado con no estar a la altura de lo que el libro aporta y desmerecerlo con tu colaboración.

La cosa está, como en todo en esta vida, en no hacerle caso al ego, no vivir desde el ego sino desde el corazón, y ahí sentirse honrado y valiente para acometer tremenda hazaña pensando el tiempo, cariño y dedicación que llevan implícitas todas esas páginas, todos esos textos, todas esas maravillosas palabras que alguien unió para darle sentido a la historia.

Los autores, mis queridos Raquel Sánchez Armán y Jesús Ripoll, son un cúmulo de virtudes profesionales y personales. Ante este regalo de ser parte de su aventura me rendí sin condiciones que es, sin duda, otra de las herramientas magistrales del camino de la vida, menos resistencia y más vivencia.

En este caso y planteado desde las emociones —que es el lugar donde este "Feliciólogo" se mueve como pez en el agua— ¿cómo gestionaban por aquel entonces los protagonistas del libro sus emociones? Y hago esta pregunta sabiendo que ustedes que me están leyendo saben perfectamente qué son las emociones y cómo se gestionan, ¿cierto? Por si alguien se ha despistado les cuento que las emociones son respuestas cognitivas, fisiológicas y comportamentales a un hecho que acontece o incluso que imaginamos que va a acontecer. Y se gestionan con entrenamiento emocional, autoconocimiento y meditación. Así que con este panorama dudo mucho que por aquel entonces supieran muy bien, como dicen en Venezuela, de que iba la "vaina".

Ahora, hay algo que es cierto y es que los paralelismos que se plantean entre aquellas hazañas y la forma de gestionarnos en la actualidad son impresionantes y muy veraces. Este es uno de los múltiples regalos que nos trae este libro.

Leyendo un poco de la filosofía estoica, nos damos cuenta de que los tiempos cambian, pero los problemas, los miedos, las motivaciones y en definitiva las emociones que mueven a la humanidad son las mismas.

Ira, miedo, amor, alegría, orgullo, duda, valentía, coraje, celos, envidia, cambian los escenarios y la humanidad sigue siendo torpe a veces o inexperta, aunque también se nutre de seres maravillosos que aprenden de sus errores, o nos los ponen en bandeja para que aprendamos nosotros.

Somos una especie evolutiva y eso supone aprender errando, para eso tenemos que armarnos de humildad y paciencia pues nuestros mayores logros siempre son precedidos de trabajo, esfuerzo y constancia.

En el libro "El líder que no tenía cargo" de Robin Sharma (autor del *bestseller* "El monje que vendió su Ferrari") se expresa claramente cómo un líder no tiene que ser necesariamente quien sustenta un cargo, podemos liderar desde cualquier lugar, pues se lidera una vida más que una sola contienda, aventura, viaje o empresa.

Leyendo este maravilloso libro de Raquel y Jesús se aprende mucho del camino recorrido por hombres y mujeres fuertes y entregados que, a veces, acertaban y muchas más veces fallaban. Y es que el fallo es el mejor maestro del mundo.

Estoy seguro de que van a disfrutar mucho con su lectura y van a descubrir detalles de la historia muy interesantes. Yo les pediría que ahondaran aún más en esa historia para entender cómo eran los protagonistas, qué les movía en el fondo a actuar de ese modo, en definitiva, ¿cuál era su propósito? Pues cuando encontramos y afinamos en el propósito el camino se muestra más limpio y placentero.

Este libro te ayudará en tu gestión empresarial, en tu vida personal y, sobre todo, te abrirá la mente y te mantendrá en vilo mientras disfrutas de su lectura, pues funde con magistral destreza capítulos de la historia con herramientas maravillosas para trabajar en la actualidad.

Después de escribir tres libros sobre felicidad, amor y gestión emocional, he descubierto cosas increíbles en este libro que tiene usted en sus manos y le aseguro que, una vez empiece, no podrá despegarse de él con facilidad hasta terminarlo e, incluso, le recomiendo que tome apuntes, subraye y marque cada detalle de interés.

Gracias Raquel y Jesús por todo lo que habéis sumado en mi camino desde que nos encontramos, por este libro precioso y, por supuesto, por confiar en mí para estropearlo levemente con mi humilde aportación.

Ángel Rielo
Escritor – Feliciólogo – Buena Persona

INTRODUCCIÓN

"Creí que era una aventura y en realidad era la vida"
Joseph Conrad

La primera vuelta al mundo es uno de esos relatos llenos de claroscuros, que te agarran por dentro y ya no te sueltan. Aquella travesía dolorosa rompió las costuras de la encorsetada época tardomedieval, ampliando mundos y mentes. Aunque hace ya quinientos años que sucedió, la epopeya de la armada de las Molucas está más viva que nunca.

Hubo momentos de gloria y otros de absoluta miseria y penurias. Aquella empresa —capitaneada en un principio por Magallanes (portugués nacionalizado español) y coronada por Elcano—, fue la primera en "recorrer y descubrir toda la redondeza del mundo" según palabras del propio Juan Sebastián Elcano. Culminarlo fue posible gracias al pundonor de unos hombres con un arrojo excepcional, y un alto sentido del deber que los hizo perseverar padeciendo lo indecible: "Con más aprecio al honor que a la propia vida, decidimos regresar a España, vivos o muertos" (Pigafetta).

La flota fue un verdadero imán para las tragedias. Resulta increíble lo que padecieron aquellos héroes, que se habían embarcado buscando en ultramar la gloria que la vida les había negado. Fueron tres años de supervivencia al límite donde la expedición fue perdiendo barcos y hombres, más de 70.000 kilómetros (el 60 % por mares desconocidos). Van a sentir frío, hambre, agotamiento, desesperación, miedo y, casi siempre, todo a la vez. Pero demostraron tener unos arrestos y una determinación inquebrantables, así, lograron dar la vuelta al mundo y a sus circunstancias: pura inspiración y toda una lección de vida.

Sobrecoge el tremendo dramatismo vivido durante aquellos mil ciento veinticinco días de travesía, al fin del mundo, en busca de una ruta alternativa a las islas de la Especiería. La gesta exigió su tributo: de los 247 que parten solo dieciocho (circunnavegantes) vuelven a bordo de la única nao superviviente.

La Victoria (la otra gran protagonista junto a Elcano y Magallanes) llegó gravemente herida a casa, al igual que la tripulación. Con mil cicatrices mal curadas por reparaciones de fortuna, a la desesperada, calafateada hasta la extenuación y supurando brea. Había partido llena de sueños y esperanzas, al igual que todos aquellos hombres que embarcaron en ella.

En total veintiuno desembarcan en Sevilla, pero a menudo las fuentes se olvidan de los nativos que se unieron en las Molucas. Fueron tres los moluqueños que sobrevivieron al viaje, ellos no habían dado la vuelta al mundo, pero se los consideró miembros de pleno derecho de la flota. Cincuenta y cuatro se habían quedado varados en Tidore reparando la Trinidad y trece fueron encarcelados por los portugueses en una de las últimas etapas del viaje, en Cabo Verde.

La expedición fue al mismo tiempo un éxito apoteósico y un enorme fiasco, ninguno de los cinco capitanes que partieron sobrevivió. Pero, por increíble que parezca, no hubo ni una sola muerte accidental. Eran unos marineros excepcionales que abordaron su cometido con oficio y determinación, empleados comprometidos y capacitados con unas habilidades técnicas extraordinarias. La mayoría de ellos pertenecían a la marinería rasa, iletrada y humilde (aunque el mar lo leían perfectamente). Sus pequeñas vidas resultarán gigantes.

La vida a bordo pronto se tornó en una lucha diaria por la supervivencia, que puso en valor el trabajo en equipo y el poder del liderazgo para el logro de los objetivos más difíciles. Desde el primer momento en que la armada partió, se comprobó que el fantasma de la rebelión había embarcado también con ellos. La falta de confianza fue letal y repercutió en el clima laboral y el rendimiento.

Los lances en la mar fueron constantes, la gestión de la adversidad pasó por afrontar constantes bajas ("alta rotación") que hicieron necesario reagrupar equipos y gestionar recursos (se llegó a sacrificar unidades productivas como quemar la Concepción, un tributo al mar, al no disponer de marinería suficiente para gobernarla).

Como todas las grandes historias, brinda muchos aprendizajes sobre gestión de crisis, resiliencia, la competencia salvaje del mercado que hace virar en busca de horizontes inesperados... Saldrán a flote valores universales como el honor, el deber, sacrificio y compromiso, pero también deslealtades, abusos y transgresiones constantes que debilitan la identidad corporativa. Revisaremos sus virtudes y defectos, los momentos críticos que, a menudo, marcaron la diferencia entre la vida y la muerte, entre la gloria y el fracaso.

La animadversión de Pigafetta (narrador oficial de la expedición y "magallanista" acérrimo) sacó a Elcano a patadas de la crónica —hasta el punto de que ni siquiera le nombra en su relato— lo que contribuyó a que su memoria se difumine, relegado a ser una anotación en el margen de esta aventura. Además, nuestros vecinos lusos siempre han reivindicado para sí este triunfo de su ilustre portugués renegado: Magallanes. De nada sirve que hubiera muerto meses antes de coronar la gesta y que ni siquiera se planteó el tornaviaje por la ruta portuguesa. El plan tiene las dimensiones de su ambición, sin duda, pero la decisión de regresar por el otro lado, culminando la primera vuelta al mundo, lleva el sello de Elcano.

El viaje de regreso fue un despiadado juego del ratón y el gato entre la Victoria y los portugueses, que ordenan dar caza a los supervivientes: jamás fue fruto de la colaboración hispanoportuguesa.

El pasado se magnifica o se olvida, así la Historia negó la autoría de la circunnavegación de Elcano durante mucho tiempo. Necesitamos preguntarnos en voz alta por qué los españoles hemos consentido el ninguneo, ya sea por un exceso de autocrítica (e ignorancia), porque somos un país bipolar (que pasa del triunfalismo al derrotismo de manera fulminante) o porque solo esgrimimos nuestra autoestima patria con los éxitos deportivos.

Este libro es, ante todo, un homenaje a aquellos héroes que ganaron mundos para el imperio español y que fueron injustamente olvidados por la memoria colectiva. En las manos de estos líderes están las vidas de muchas personas, y sus decisiones no solo afectaron a la flota sino a la Historia de la Humanidad.

Con esta revisión, pretendemos contextualizar uno de los episodios más relevantes de nuestra historia, evitando caer en tópicos de la leyenda negra. Partiendo de una exhaustiva documentación de la expedición del Maluco, se reinterpreta la epopeya desde la perspectiva empresarial actual, extrayendo lecciones sobre las habilidades de los líderes, la gestión de equipos y el *management*. Aprenderemos de los aciertos —y también de los errores— de los capitanes de hace quinientos años a través de la lección de liderazgo histórico que nos brindan. Descubriremos cómo el mal gobierno, el abuso del poder, las malas decisiones y la falta de cohesión pueden hacer naufragar cualquier empresa. Nos encontraremos con líderes que no quieren serlo, talentos incomprendidos que se revelarán como visionarios en momentos cruciales, traiciones, medidas disciplinarias… No juzguemos con los ojos de hoy en día ciertas actuaciones y tratemos de situarnos en el contexto.

Embarcaos con nosotros, quinientos años después, en un viaje allende los mares, adrenalítico y extremo: la mayor gesta marítima de la Historia de la Humanidad. ¡Bienvenidos a bordo y que empiece la travesía!

NOTA DE LA AUTORA

Este libro es una carta de amor. Sí, de amor por la Historia, el mar y, en especial, por unos valientes que emprendieron un viaje empresarial y vital de no retorno.

Soy historiadora, una carrera que ya me predispuso a esto de buscarme la vida. Pero la emprendedora no salió del armario hasta varios años después. En otra vida fui secretaria de alta dirección (de todo se sale) y aquella época —especialmente la etapa final, cuando el barco empezó a escorarse— se convirtió en un sálvese quien pueda. Me sentí como un náufrago en tierra.

Después de varios años esquivando balas (tres EREs consecutivos —erre que erre— y dos cambios de propietarios), el tiempo para la esperanza dio paso al de la aceptación: decidí dar un golpe de timón. Abandoné el barco, sabiendo que no iba a llegar a buen puerto, y me lancé a recorrer el mar del emprendimiento sin apenas saber nadar. Con cuarenta y cinco años era un todo o nada. Puño en alto juré, en plan Escarlata O'Hara, aquello del "jamás volveré a trabajar para otros". Y en ello sigo cuatro años después. No me pago mucho, pero soy feliz.

Emprender en el sector de los eventos de motivación —donde la presencialidad era la norma— no ha sido una travesía fácil, y ha estado marcada por dos largos años de distancia social debido a la pandemia. Hemos superado tormentas de uno al otro confín (-amiento) y ahora navegamos con buena proa hacia un horizonte prometedor.

Jesús es mi socio en la vida y en los negocios, nuestras vidas profesionales empezaron a hacer aguas casi al tiempo. Necesitábamos reprogramar la ruta.

Helpers Speakers nació tras una crisis laboral con *burnout* incluido (en mi caso, fue más bien *boreout*). Es, en esencia, una agencia de representación de conferenciantes, eventos de *team building* y formación para empresas. Pero es eso y mucho más. Sabemos lo que es no estar conectado con el proyecto, y podemos ayudar a lograrlo al tiempo que ayudamos a la sociedad. "Somos Helpers y nos encanta ayudar" se convirtió de modo natural en nuestro *claim* y en nuestra razón de ser. Todos nuestros eventos tienen un carácter solidario y donamos parte de los beneficios a distintas fundaciones como Mensajeros de la Paz. Somos pequeñitos, artesanos, pero no buscamos ser los más grandes, sí los mejores.

La historia de Elcano me hipnotizó hace años y a él dedico muchas horas de apasionada investigación en legajos antiguos, artículos y novelas. Este libro atípico e inclasificable (soy una escritora minoritaria, lo sé) es un homenaje reivindicativo a uno de los episodios más increíbles de la historia de la navegación, donde Jesús y yo hemos volcado todas nuestras pasiones y bagaje: el mar, el emprendimiento, la Historia, el desarrollo personal y el *management*. Un relato dedicado especialmente a todos aquellos que sueñan con convertirse en capitán de su propio barco.

¡Buena proa y que la brújula de la pasión guíe tu rumbo!

Madrid, a 24 de marzo de 2022
Quinientos años después de que Elcano completara la primera vuelta al redondo mundo.

Raquel Sánchez Armán
Cofundadora de Helpers Speakers

NOTA DEL AUTOR

Este libro nos embarca en una apasionante historia de valor y emprendimiento que tuvo lugar hace quinientos años. En paralelo nos muestra claves sobre el trabajo en la empresa y la condición humana, sobre el emprendimiento y el liderazgo de la época y el de hoy en día.

En la actualidad juzgamos a las nuevas generaciones diciendo que tienen menos resiliencia, menos tolerancia a los reveses y a la frustración, que les falta cultura del esfuerzo. Es cierto que lo hacemos en unas circunstancias de vida mucho más cómodas que las de la época de Elcano, con unas costumbres diferentes y, en general, en un nivel de vida muy diferente. Por eso no podemos tomar como ejemplo al pie de la letra, ni tampoco juzgar con los ojos de hoy, las medidas disciplinarias de la "empresa/*startup*" de Magallanes y Elcano, todo hay que adaptarlo al contexto de la sociedad de cada época.

Muchos creen que las *startups*, el emprender con una idea disruptiva y con el objetivo de satisfacer un mercado global, es algo del siglo XXI. Pero, con mayor amplitud de mente, ¿qué es una *startup*? ¿Qué es montar una nueva empresa o una filial completamente diferente en una gran multinacional?

Asociamos la palabra "startup" a empresas tecnológicas que presentan una idea revolucionaria o nunca vista en el mercado, que desafía el *statu quo*, donde se necesita financiación externa, donde por el gran riesgo económico se empieza recurriendo a las tres efes (*fools, friends and family*) porque son los únicos que apoyarán al visionario emprendedor en esa locura, donde todos los empleados se implican sin reservas en el proyecto (con motivación, resiliencia, actitud) y, en la mayoría de los casos, perciben un salario pequeño y a cambio recibirán una parte de las acciones o del beneficio, con un líder inspirador al frente.

También se piensa que será una organización que navegará en aguas desconocidas, se enfrentará a todo, que descubrirá un "nuevo mundo", que encontrará una forma innovadora, mucho más eficaz y eficiente de satisfacer una necesidad de mercado, que operará a nivel global, pivotando (cambiando de estrategia y de objetivos) a lo largo de su desarrollo… y que en pocos años llegará a convertirse en un unicornio (esas pocas empresas tecnológicas que superan los mil millones en ventas).

Si vamos al diccionario, la definición nos dice: una *startup* es una organización humana con gran capacidad de cambio, que desarrolla productos o servicios, de gran innovación, altamente deseados o requeridos por el mercado, donde su diseño y comercialización están orientados completamente al cliente.

Te animo a que te embarques en este libro y que disfrutes de la épica historia de sus protagonistas, sin tener que pasar por lo que ellos pasaron, y que a la vez pienses en situaciones que has vivido en tu experiencia laboral, que identifiques a los diferentes personajes históricos con las personas que te has ido encontrando en tus trabajos, con líderes o emprendedores actuales que solo conoces por sus éxitos o fracasos publicados en los medios, o incluso contigo mismo.

A los que, como a mí, os gusta navegar, los que habéis sentido el poder del mar embravecido en alguna ocasión en la que os ha hecho sentir minúsculos en cortas travesías, los que ya habéis vivido varios emprendimientos, los que habéis trabajado en varias empresas con distintas circunstancias, los que habéis surcado varias crisis, los que habéis tenido distintos tipos de líderes, los que habéis liderado distintos equipos, los que habéis tenido grandes éxitos y los que habéis conseguido grandes aprendizajes en los mal llamados fracasos, os deseo que este libro os haga viajar en el tiempo y seguir buscando nuevos destinos con la pasión del que sabe que todavía hay mucho mundo por descubrir.

Jesús Ripoll
Cofundador de Helpers Speakers

PARTE PRIMERA: EL PROYECTO

"La vida tiene que ser algo más que simplemente pasar por el mundo"

Nacho Dean

Ver vídeo con contenido adicional:
https://youtu.be/d-6E4jwcT44

CAPÍTULO 1

De "estartapero" a unicornio

> "La acción es lo que produce resultados"
> Tony Robbins

El 6 de septiembre de 1522 una nao —cansada, herida, desarbolada y peligrosamente escorada— asomaba a la bocana del puerto de Sanlúcar de Barrameda. Parecía un barco fantasma con veintiún espectros demacrados, exhaustos y famélicos a bordo. Era todo lo que quedaba de la flamante armada castellana que había partido en busca de gloria tres años atrás. La única nao superviviente llevaba el providencial nombre de la virgen a la que se encomendaron tres años antes, jurando lealtad a la Corona castellana: Victoria (en el Monasterio de Santa María de la Victoria en Triana). Aquel día se culminó la mayor hazaña de la navegación.

El proyecto de Magallanes (encontrar un paso al mar del Sur por esa latitud "encomenzada a descubrir" —como dirían entonces— para abrir una nueva ruta a La Especiería) arrancó con toda la incertidumbre y vértigo que todos los emprendedores sienten. El nivel de exigencia era máximo y la dureza de este, sin parangón. Pero él asumió el riesgo. Ponerlo en marcha fue posible gracias a la inquebrantable fe en el proyecto de Magallanes. Mantenerlo a flote fue una cuestión de trabajo en equipo, resiliencia y compromiso. Ahora que impera la cultura del éxito rápido y el riesgo cero, es admirable la implicación personal de estos hombres que sacrificaron todo por ese plan tan desafiante.

Aquella empresa de Magallanes acabó superada por el sueño de Elcano de pasar a la historia, su afán de trascendencia y de hacer del plan inicial algo global —de mucha mayor envergadura— fue lo que marcó la diferencia.

Lamentablemente, los *headhunters* muchas veces no son capaces de reconocer el potencial de todos los perfiles y la gestión del talento brilla por su ausencia. Es el caso de Juan Sebastián Elcano, embarcado como un mando intermedio y con poco brillo, pese a su cualificación y experiencia. Tras la revuelta a bordo, quedó esquinado como un figurante sin frase, pero supo esperar su momento, manteniendo un perfil bajo, viendo cómo hombres menos capacitados —pero de mayor rango— iban fracasando en su cometido. Solo consiguió hacerse con la dirección general de la flota cuando no parecía haber más opciones, pero no se conformó con concluir la misión magallánica (de llegar a las Molucas) sino que fue mucho más allá, demostrando que las oportunidades están ahí, solo hay que aventurarse a dejar la seguridad de la costa y adentrarse en océanos azules e inexplorados, siguiendo la intuición de la brújula interior…

La grandeza de Elcano reside en su apuesta de innovación, en lo que a buen seguro supuso una de las decisiones empresariales más arriesgadas de la Historia: en vez de intentar volver por donde habían venido, seguiría adelante —de Oriente hacia Occidente— y coronaría la primera vuelta al globo. Era un sueño por el que merecía la pena luchar, aunque pareciera inalcanzable. La idea de hacerlo y cómo acometer la vuelta fue suya. Así, ávido de grandeza, gloria e inmortalidad puso rumbo a su destino.

> Afortunadamente, cada vez hay más personas que salen del armario del emprendimiento. La crisis sanitaria, además de enseñarnos a hornear *muffins* y a obligarnos a ser tecnológicos de un día para otro, ha traído lecturas mucho más trascendentales como la "gran renuncia" y el ser conscientes de que no puedes perder tu vida en un trabajo "alimenticio" que iba a ser temporal…
>
> No caigas en la mediocridad y el conformismo de estar donde no quieres: los sueños se cumplen si se trabajan.

CAPÍTULO 2

Demanda del mercado

> "Si hubiera preguntado a la gente qué querían,
> me habrían dicho que un caballo más rápido"
> Henry Ford

Durante la oscura Edad Media, la comida era básica y apenas se aderezaba con condimentos, salvo la sal y algunas hierbas aromáticas como el romero y el tomillo. Cuando los refinados árabes entran en la Península Ibérica, nos descubren nuevos sabores —provenientes de su lucrativo comercio con las Indias— que revolucionarán la gastronomía y la economía del medievo.

Las virtudes atribuidas a las especias eran múltiples, además de las obvias para condimentar y preservar alimentos y bebidas como el vino, se les presuponían cualidades medicinales. Eran utilizadas para celebrar liturgias (nacimientos, embalsamar y enterrar los cadáveres), aumentar la libido (aún hoy la palabra "picante" tiene connotaciones sexuales). Pero, ante todo, eran un indicativo de sofisticación y opulencia. De hecho, a los ricos se los apodaba vulgarmente como "saco de especias".

Todo comenzaba en las islas Molucas (también llamadas islas de la Especiería), un archipiélago perdido al otro lado del mundo, en la actual Indonesia. Eran el principal productor del artículo que más demandaba el mercado, las especias, y único proveedor de la más cotizada de todas ellas: el clavo de olor.

La muestra arqueológica más antigua que conservamos de clavo data de hace cuatro mil años y fue encontrada en la baja Sumeria. Los primeros mercaderes musulmanes del Maluco no llegan hasta el siglo XII, aunque parece que está demostrado que el comercio empezó doscientos años después (y con ello, la islamización de aquellas islas).

Era el producto que más ingresos —y especulación— generaba, equiparable al petróleo (o la cocaína...) hoy en día, el valor de un kilo de clavo se multiplicaba exponencialmente por diez mil hasta llegar a Europa. Quien controlase la ruta comercial controlaría el mundo.

Lo cierto es que Europa no era el mayor consumidor de clavo, apenas suponía una octava parte de la producción y, desde luego, nunca comparable a las toneladas de pimienta que se descargaban anualmente. Para ponerlo en perspectiva, el año en que zarpa nuestra armada, 1519, llegaron a Lisboa 1.212 toneladas de pimienta frente a ocho de clavo.

Cuando Gengis Kan rompe la barrera musulmana, los comerciantes venecianos y genoveses se hacen con el monopolio europeo en Asia. Trataban directamente con los musulmanes que controlaban las rutas hacia la India, fijaban el precio, y todos los reinos de Europa debían acudir a su mercado: así había sido durante toda la Edad Media. Los palacios que se asoman al Gran Canal de Venecia —cuyos pilares se asientan (metafóricamente) en fardos de clavo— son el testimonio de este lucrativo negocio.

La caída de Constantinopla en 1453 revierte nuevamente la situación y el imperio otomano retoma el control del Mediterráneo Oriental, la única puerta de entrada para que las especias pasaran de Asia a Europa. Conscientes de la importancia que este producto tenía para los europeos, exigieron unas tasas excesivamente elevadas para permitir el acceso. La Ruta de la Seda se encarece por el monopolio. "Burlar" este bloqueo y buscar alternativas se convirtió entonces en el principal objetivo.

Portugal fue un magnífico ejemplo de empoderamiento. De un día a otro, aquel reino —un pequeño e inofensivo país dormido en el extremo occidental de Europa, que apenas importaba a nadie— se transformó en un gran imperio. Pionero en la carrera por las conquistas ultramar y, junto a su vecina España (nos llevaban un siglo de ventaja en sus viajes de descubrimiento), ensancharon sus fronteras de un modo espectacular. Europa estaba rota —desangrándose en guerras interminables—, pero Portugal había concluido su Reconquista mucho antes que España, lo que les permitió focalizarse en explorar las costas africanas en busca de un paso hacia las Indias y aprender a navegar en nuevos mercados al establecer una lucrativa ruta comercial.

Históricamente, los que se encargaban de comerciar en el Maluco con el clavo eran los javaneses, y desde Java, lo distribuían a otros mercaderes. Así seguía siendo cuando llegaron los primeros portugueses en 1511. Debido al secretismo que imperaba, muchos navegantes, geógrafos y comerciantes medievales creían erróneamente que el clavo y la nuez moscada eran oriundos de Java y así lo difundió Marco Polo, el gran mercader.

Ningún occidental contemporáneo al Tratado de Tordesillas podía situar las Molucas en el mapa del mundo. Lo que no significa que no se supiera de su existencia desde hacía siglos.

Habían hecho los deberes, tienen perfectamente trazada la hoja de ruta: un estudio de *benchmarking* impecable les permitió irrumpir en el mercado y alterar el orden geoeconómico establecido. Su estrategia fue la de asentar "campamentos base" en aquellas plazas (y no conquistar territorios) para dar soporte logístico a las expediciones y consolidar sus dominios. El *expertise* de las grandes superpotencias hasta ahora, Venecia y Génova, fue clave para analizar la demanda del mercado, aprovechar su vulnerabilidad y lanzarse a conquistar el mundo.

> No deja de sorprender la increíble logística que había desplegada en aquella época, tan importante como en la actualidad, donde una logística eficiente y eficaz es un pilar clave del *core business* de cualquier comercio, ya sea *online* o físico.

CAPÍTULO 3

Environment: marco histórico

"La suerte favorece a los audaces" (*fortuna audaces iuvat*)
La Eneida, Virgilio

Dos hechos fundamentales dan portazo a la Baja Edad Media en España y nos empujan de golpe al Renacimiento. 1492 es la puesta de largo de España, finaliza la Reconquista (con la toma de Granada) y Cristóbal Colón comete una de las equivocaciones históricas más destacadas de la humanidad, un maravilloso error de cálculo que le llevó a descubrir todo un continente.

La política transoceánica se impulsó bajo el reinado y patronato de los Reyes Católicos, Isabel I de Castilla y Fernando II de Aragón. El geoestratégico Tratado de las Alcaçobas (1479) había repartido el mundo entre las dos grandes potencias navales, España y Portugal, avalado por las bulas del papa Alejandro VI que compensaba así a sus "niñas mimadas", que tanto le habían ayudado en la lucha contra los infieles.

Con el descubrimiento de América se tuvo que renegociar el pacto y el nuevo acuerdo quedó consolidado en el Tratado de Tordesillas, firmado en 1494, donde se dividen el mundo "descubierto e por descobrir". Los españoles se comprometieron a respetar la ruta lusa a las Indias Orientales por el cabo de Buena Esperanza (conocida como Carreira da Indias) y Brasil. Por su parte, los portugueses respetarían las tierras descubiertas por España. Se establece el meridiano de separación de ambas demarcaciones a trescientas setenta leguas al oeste de las islas de Cabo Verde, sin especificar respecto a cuál de ellas en concreto, ni qué medida se otorgaba a estas leguas. El gran escollo fueron las Molucas, la joya de la corona, al desconocerse su situación exacta.

A la estela que provocaron aquellos pioneros, se unió la fascinación que suscitaban los relatos de Marco Polo, comenzó la carrera conquistadora y la fiebre exploradora del "plus ultra" (ir más allá) donde toda una generación de jóvenes se embarca en aquellos imponentes navíos que zarpan de Cádiz o Lisboa. En una década, España y Portugal descubren más mundo que toda la Humanidad entera en miles de años de existencia y, sin duda, la conquista de los océanos y los viajes transoceánicos fueron el catalizador de la globalización. El mar es el mejor canal de comunicación, acorta distancias y acerca mundos.

Aquellos valientes se embarcaban —muchas veces en un viaje de no retorno— en pos de la gloria, no emprendían esos viajes de ultramar para ser ricos sino para ser un hidalgo, un caballero, alguien respetado. El dinero es únicamente un medio para lograrlo. Difícilmente se va a comprender la mentalidad del hombre del siglo XIV si no se entiende esto. Una apuesta extrema: la gloria o la muerte.

Y no solo era la sed de aventura, había un objetivo económico obvio. Tanto españoles como portugueses deseaban pasar del tradicional comercio de vino, pescados y sal —al que llevaban siglos dedicados sin mayores sobresaltos— a otros mucho más lucrativos: esclavos, oro y especias de Oriente, aunque implicasen un riesgo exponencialmente mayor.

Enrique el Navegante fue el gran impulsor del empoderamiento luso. Resulta irónico su apodo, ya que no subió nunca a bordo de una nave (salvo una pequeña incursión bélica a Ceuta) ni había escrito tratados náuticos, pero este navegante de secano consagró su reinado al apoyar incondicionalmente las empresas navales.

Una vez más comprobamos la importancia de dejar todo bien registrado y especificado en los "acuerdos mercantiles". La ubicación concreta de las Molucas fue el pelo en la sopa durante años. La ingenuidad, el desconocimiento y las buenas intenciones de todos sobre el papel devienen en los "ayayays" y en los "madremías". Hay que pensar en grande y actuar en pequeño, mimando cada detalle.

CAPÍTULO 4

El pelotazo de dos pymes: Portugal y España

"Sigue siempre tus pasiones, nunca te preguntes si es realista o no"
Deepak Chopra

El *timing* de la carrera conquistadora del siglo XVI produce vértigo. En cincuenta años se descubrió, conquistó y pobló un territorio que era veinte veces más grande que la Península Ibérica. Encontramos un continente y dos océanos. Colón llega accidentalmente (o resultado de la serendipia) a América en 1492 (de hecho, murió sin saber que había descubierto un nuevo continente), Bartolomé Díaz de las Casas llega al cabo de las Tormentas y abre la ruta desde África hacia Indias (que concluye Vasco de Gama en 1498 coronado el hito de alcanzar Calicut, India), y en 1522 Elcano culmina la vuelta al mundo. Portugal bajó por el sur (bordeando África) y los castellanos explorarían hacia el oeste.

La primera circunnavegación fue un desafío sin precedentes, un combate a muerte con el mar, que no tenía piedad. Para ponerlo en perspectiva: la aventura de Colón fue solo de treinta y tres días y, desde un punto de vista técnico, fue relativamente fácil surcando un solo océano, manteniendo un derrotero constante y empujado por el mismo viento, el alisio. Colón no llegó a la India y Magallanes no llegó vivo a las Molucas. Elcano consiguió como "efecto colateral" de su intención de llegar a las islas de las Especias otro aún mayor: circunnavegar por primera vez el planeta, demostrando de manera empírica que la tierra es redonda (nadie con cultura dudaba de esto, fue solo la constatación).

Los venecianos y los genoveses se habían hecho con el monopolio de las especias siglos atrás, pero la pandemia de la peste negra, las guerras constantes que hieren a Europa y el colapso de la ruta por tierra, traen el empoderamiento de dos nuevos actores al mercado: Portugal y España. La Península Ibérica se convirtió en la abeja reina, el epicentro del capitalismo.

Cuando una puerta se cierra otra se abre: con la caída de Constantinopla, operar en el Mediterráneo se volvió muy complicado, afortunadamente la ruta del Atlántico daba viabilidad a Europa para continuar el lucrativo comercio de las especias. El problema es que los castellanos lo tenían vetado por el Tratado de Alcaçobas.

Las relaciones de Castilla con la Corona portuguesa eran diplomáticas, pero tan tensas como caminar por "un campo de minas". Aunque lazos familiares unían a ambas, los intereses comerciales impusieron esa fría cordialidad entre las dos grandes potencias mundiales.

Resulta paradójico cómo Portugal sigue intentando hoy en día reivindicar la hazaña de la circunnavegación, muchas veces ante la indolencia de España, llegando a reclamar la autoría ante la ONU.

Portugal ha cometido dos grandes errores en su historia: Colón y Magallanes.

Colón buscó en la corte portuguesa el patrocinio de su empresa en dos ocasiones: la primera en 1482 y la segunda en 1484. Propuso la búsqueda de una ruta occidental a las Indias, Catay y Cipango, pero el rey Juan II rechazó su proyecto. Enrique el Navegante replicaría el error con Magallanes. Ambos navegantes se ven obligados a buscar apoyo en la Corona de Castilla ante la negativa de su país a patrocinar sus proyectos.

Desde el primer momento que Portugal es consciente de la grave amenaza que supone la flota de las Molucas para sus intereses, comienza el acoso y la persecución sin tregua hacia Magallanes. Él jamás se planteó la vuelta al mundo y, en cualquier caso, debía lealtad a la Corona española, que era quien sufragó el proyecto.

No fue una victoria para España ni para Portugal sino para la Humanidad.

Dicen que no hay enemigo pequeño, pues lo mismo ocurre con la competencia. ¡No minusvalores a ninguno de ellos! España y Portugal no se conformaron con ser actores de reparto. Recadito para Venecia y Génova (y empresas preconstitucionales en general y familiares en particular): si algo te está funcionando ahora no pienses que va a seguir siendo siempre así.

CAPÍTULO 5

Emprendedor busca *business angel* para relación seria

"Un buen vendedor nunca vende productos, vende ideas"
Heinz M. Goldmann

Carlos I era un *millennial*. Tenía diecinueve años cuando recibió a Magallanes y solo hacía uno que había sido coronado. Pese a su juventud —o probablemente por ello— ordenaba y mandaba a sus anchas. Su valentía y empeño por ganar nuevas tierras le convirtieron en el soberano más poderoso desde Carlomagno. Durante todo su reinado llegaría a ostentar diecisiete coronas.

Ya se puede hablar del concepto de España, unida por los Reyes Católicos y consolidada por los Habsburgo. Carlos 1 fue nombrado nuevo rey tras la muerte de su abuelo Fernando el Católico. La legítima heredera era su madre, Juana I de Castilla (tristemente conocida por el sobrenombre y —a todas luces injusto— apodo de la Loca) pero fue apartada y recluida en un oscuro Tordesillas. El nuevo rey llega rodeado por una camarilla de aduladores —preocupados exclusivamente en medrar—, no habla español ni conoce la cultura, viene repartiendo cargos a sus allegados flamencos y la falta de conexión con el pueblo español va a provocar la desconfianza de estos.

El rechazo acaba desencadenando la famosa Guerra de los Comuneros con Bravo, Padilla, Maldonado como cabeza de cartel. Una revolución que fue capaz de reunir a todas las clases sociales y puso en jaque al hombre más poderoso del mundo. Al grito de ¡libertad! se colocó la primera piedra en la lucha por los derechos democráticos. Pese al fracaso de la revuelta, la llama comunera prendió en el absolutismo del emperador, que entendió el papel prominente que debía jugar Castilla, apartando a los consejeros extranjeros. No olvidemos que España era el principal generador de riquezas por el oro de América, tan necesarias para financiar las ambiciones imperiales de Carlos I.

Pese a las reticencias del entorno, Carlos I apostó por el proyecto de Magallanes sin reservas, como ya había hecho su abuela, Isabel la Católica, en una empresa similar con Colón. La armada castellana tenía un objetivo claro: buscar una ruta a las especias alternativa a la terrestre (monopolio de los turcos) y a la portuguesa por mar.

Lo primero que destaca, es el emprendimiento y la determinación de Magallanes para lograr su objetivo contra viento y marea. Tuvo la iniciativa de idear y defender un proyecto cuando ya le habían "desahuciado" del mundo laboral debido a su minusvalía (cojera) y edad (cuarenta años muy trabajados, equiparables a los cincuenta y cinco en la actualidad). Otro punto para destacar fue el atreverse a ir más allá, el no hacer las cosas como siempre se habían hecho. Colón fue el pionero de esta innovación y Magallanes tomó el testigo de su plan, lamentablemente, tampoco él logró llegar a las Indias.

La puesta en marcha del proyecto fue muy compleja, contó con el papel crucial de la Casa de Contratación (*corporate*) y la corona castellana (inversores). Fue necesaria una planificación exhaustiva, búsqueda de patrocinadores, lidiar con la competencia, gestionar el talento, manejar entornos multiculturales y diversidad..., había hasta un reparto de *phantom options* entre los tripulantes, por lo que obtendrían un jugoso bonus individual.

La empresa bajo su gobierno coercitivo de "ordeno y mando" nunca llegó a gozar de una buena salud corporativa. La escuadra se instaló en la cultura de la queja y Magallanes se sintió solo e incomprendido desde el principio. Esa soledad del directivo fue provocada por sus escasas habilidades personales (¿por qué seguimos llamando *soft skills* a habilidades humanas que determinan el 80 % de nuestro éxito?). Falta de comunicación, nula empatía, cero pensamiento crítico, no compartir planes ni estrategias, liderazgo autoritario basado en el temor... Se tuvo que enfrentar a momentos extremos de toma de decisiones, resolución de conflictos y podemos destacar valores positivos que sí mostró como una gran capacidad de estrategia, planificación, aprovechar oportunidades (conquistar islas), perseverancia, valor, superar miedos, gestionar en tiempo de crisis (racionamientos), resiliencia, prueba/error, integridad. Un proyecto que, sin duda, merece el calificativo de magallánico.

> ¡Qué importante es tener apoyos cuando estás en "fase semilla" empezando a emprender! (o a "intraemprender"), ya sea a modo de financiación o mentorización o, "simplemente", que crean en ti (cuando ni siquiera muchas veces tú lo haces). El apoyo de otros genera compromiso y autoexigencia. Aunque, no nos engañemos, lo que más veces sentimos los nuevos emprendedores en los momentos difíciles es vértigo e inseguridad, pero, sin duda, esto es indicativo de que estás creciendo.
>
> Así como dato: siete de cada diez *startups* hacen aguas y se hunden antes de cumplir el tercer año.

CAPÍTULO 6

Firma del contrato: misión, visión y valores

> "La vida exige a todo individuo una contribución
> y depende del individuo descubrir en qué consiste"
> Viktor Frankl

Carlos I emitió en mayo de 1519 una larguísima instrucción con setenta y cuatro cláusulas o directrices. La principal, sin duda, respetar el Tratado de Tordesillas (el marco normativo con el que castellanos y portugueses —en pugna por el control de las rutas marítimas— se repartieron el mundo con la venia del pontífice, el papa Borgia, es decir, Alejandro VI). Un meridiano de separación situado, con notoria imprecisión, a trescientas setenta leguas al oeste de las islas de Cabo Verde era la línea roja que no debían traspasar.

"El tal descubrimiento habéis de hacer, con tanto que no descubráis ni hagáis cosa en la demarcación e límites del Sacratísimo Rey de Portugal, mi muy caro y muy amado tío e hermano, ni en perjuicio suyo, salvo dentro de los límites de nuestra demarcación". Quedan de manifiesto dos cosas: que Carlos I no quería tensiones en la cena de Navidad con su cuñado —y tío— (el monarca luso, Manuel I, estaba casado estratégicamente con su hermana Leonor) y, segundo, que le leían los *emails*.

La firma del "contrato" entre la Corona y Magallanes (Capitulaciones de Valladolid, el feudo del monarca donde había establecido su corte) tuvo lugar el 22 de marzo de 1518. El compromiso debía estar meridianamente claro: además de no invadir territorio portugués, respetarán a las gentes locales y no harán uso de la violencia. Para ello, el monarca ponía a su disposición una armada de cinco naves con el fin de encontrar una nueva ruta a la Especiería navegando hacia el oeste —rumbo al recién descubierto mar del Sur por Núñez de Balboa— al tiempo que se le otorgaba el título de capitán de la armada, así como de adelantado y gobernador de las tierras que se descubrieran y podrá tener dos islas en propiedad —si consigue anexionar al menos seis—, recibirá el 20 % de los beneficios que genere la expedición y percibirá una renta de cincuenta mil maravedíes anuales.

Los paralelismos entre la empresa de Colón y la de Magallanes son obvios, pero si atendemos a las capitulaciones que firmó el genovés, vemos que este percibiría el 10 % de las rentas y derechos libres de costos que generasen los territorios nuevos conquistados. La cifra de Magallanes se disparaba hasta el doble: al portugués le correspondían una quinta parte de las rentas, derechos e intereses de los territorios que descubriese, para él y sus herederos, unas capitulaciones muy generosas del rey que, sin duda, no gustaron al Consejo de Castilla. Se encienden las primeras luces de alarma.

En la expedición destacaba el papel del sevillano Andrés de San Martín, piloto de Su Alteza y cosmógrafo de la Casa de Contratación. Su misión: determinar la posición real a las Molucas, para constatar que pertenecían al ámbito de la hegemonía española (aunque, lamentablemente, estaban dentro de los dominios lusos).

La instrucción de Carlos V a Magallanes obligaba a regresar desde las Molucas dando la vuelta por la misma ruta, respetando los dominios lusos. En ningún momento se plantea dar la vuelta al mundo, fue una transgresión del Tratado de Tordesillas por iniciativa propia de Elcano, un "simple" maestre.

> Aviso para navegantes: muchas veces no es el número uno el que nos da la mayor lección.
> Aviso para directivos: los compromisos que resumen vuestro ADN y esgrimen la visión, misión y valores no son para hacer cuadros que adornen la recepción. Y, por supuesto, han de reflejar vuestra naturaleza y no replicar los de otras empresas.

CAPÍTULO 7

Innovación

"La innovación es lo que distingue a un líder de los demás"
Steve Jobs

Hasta el siglo XV la navegación era de "cabotaje", es decir, de puerto en puerto y costeando, al carecer de instrumental que permitiese adentrarse en mar abierto con garantías.

Con el descubrimiento de América la náutica avanza exponencialmente. Las antiguas cocas medievales y carracas cántabras dan paso a la carabela y a la nao, más adaptadas a la navegación oceánica. Se aumenta la maniobrabilidad al prescindir de los remos gracias a un mayor velamen, multiplican la capacidad de carga en las bodegas, y están dotadas de un alto bordo para minimizar el cabeceo y las embestidas por el fuerte oleaje.

Aparecen o se perfeccionan instrumentos de navegación como el nocturlabio, astrolabio y cuadrante, esfera armilar, brújula magnética o aguja de marear, ballestillas, tablillas náuticas, cartas y portulanos. Mediante la sondaleza o sonda —algo tan básico como un cabo en cuyo extremo colgaba una plomada llamada escandallo— se medía la profundidad del mar y estudiaban el tipo de fondo (alga, roca, arena…).

En la flota también hubo lugar para la innovación más creativa. Magallanes, al frente de la nao capitana que siempre va en vanguardia, establece un sistema de señales por medio de faroles y antorchas. Una tea para que las otras naves no pierdan de vista su rumbo. Dos luces indican moderar la marcha. Tres luces alertan del peligro de rachas de viento fuerte y ordenan arriar la vela inferior y cuatro, recoger todo el velamen. Unas llamas movedizas o, directamente, el estruendo de un cañonazo, alertan del peligro de encallar por bancos de arena o bajíos.

¿Lo positivo? Que el más rápido navega a la velocidad del más lento, forman un grupo compacto. ¿Lo negativo? Que generalmente los que van de avanzadilla olvidan girar la cabeza atrás.

Sin duda, la mayor innovación e iniciativa fue decidir regresar por el camino contrario y culminar la gesta de dar la vuelta al mundo, pero no nos precipitemos…

> El término innovación es uno de los más manidos —y vacíos— dentro del ecosistema empresarial. Y cuando viene asociado a "disruptiva" ya es bofetón.
>
> La pregunta del millón: ¿qué es innovar? Lanzar un nuevo modelo de negocio, producto o servicio (o uno ya existente, renovado).
>
> Los departamentos "I+D+I" (siglas de Investigación, Desarrollo e Innovación) trabajan para encontrar esa idea o cambio que aporte un valor diferencial en el mercado.
>
> Nosotros añadiríamos la "C" de Creatividad, aplicable a todos los departamentos y procesos. No solo se trata de innovar de cara al mercado, sino de engrasar y optimizar nuestra "maquinaria" interna.
>
> ¿Cuándo hay que innovar? Hay dos momentos clave: cuando las cosas van mal… y cuando las cosas van bien.

CAPÍTULO 8

Superación del miedo. Del "aquí siempre lo hemos hecho así" al cambio de perspectiva

"Tener miedo es inevitable, superarlo, una decisión"
Julio de la Iglesia

Estamos en los albores del siglo XVI en plena transición al Renacimiento. Mientras el mundo se ensancha se experimenta una apertura "global" en múltiples sentidos: geográfico, cultural, filosófico, naval, científico, astronómico, diplomático, económico... La navegación ultramar está transformando el mundo y obliga a pensar bajo otros parámetros, rompiendo las alambradas del limitado pensamiento tardomedieval.

Aquellos conquistadores no solo debían lidiar con los peligros reales de la navegación, sino que debían enfrentarse a un mar de ignorancia y arraigada superstición. A pesar del miedo, se atrevieron a pensar "out of the box" y desafiar las leyendas milenarias donde se hablaba de la "zona perusta" de los Trópicos donde el agua hervía (seguramente eran rompientes), islas magnéticas que atraían a los barcos y los hacían encallar —al igual que los hipnóticos cantos de sirena—, monstruos e inmensos remolinos que devoran naves, indígenas que bajo el sol del ecuador se queman hasta volverse negros... Se sabía que la tierra era redonda, pero veían muy complicado *a priori* retornar "cuesta arriba" con el barco (dada la redondez) o mantenerse cabeza abajo en el hemisferio sur... Todos estos miedos atávicos, que hoy nos causan risa, entonces eran creencias plenamente arraigadas capaces de hacer embarrancar los proyectos por la poderosa ancla del miedo.

La cuestión acerca de si la Tierra era o no redonda no procede planteársela a estas alturas. Los hombres de cierto nivel cultural estaban ya convencidos de que era redonda (aunque aún hoy, quinientos años después, quede algún futbolista que defiende el terraplanismo…). La esfericidad no se discutía, Dios creó el universo con formas puras, la circunnavegación de Elcano solo lo constató. En cambio, las ideas de Copérnico y su heliocentrismo tardarían todavía algunos años en llegar, entonces el universo seguía la tradición ptolomeica con la Tierra en el centro y rodeada de la Luna, el Sol, los planetas y estrellas "visibles".

Sin embargo, no se conocía el tamaño real del mundo. Con el descubrimiento de América, dimensionarlo se convirtió en el objetivo y motivo de debate.

Poco a poco la razón y el pensamiento objetivo se imponen a la superchería, se va perfilando la idea de que hay algo más allá de ese Mar Tenebroso o Mare Magnum (como se conocía al Atlántico). A veces las olas arrojan a las playas maderas extrañas que parecen provenir del otro lado del mundo.

Aventurarse en el "mare incognitum" sin más ayuda que la aguja de marear, el cuadrante y la orientación de la Estrella Polar y avanzar a ciegas hacia el "Non Plus Ultra" (nada más allá) fue un acto de fe que supuso el triunfo del valor y la sed de conocimientos del nuevo hombre del Renacimiento. A medida que se va explorando el mundo, comienza la "enmienda cartográfica" (de ratificar o rectificar los litorales), se van curvando los bordes del mapa y van desapareciendo gradualmente las bestias marinas.

Los pilotos son gente ruda, forjados en mil tormentas, analfabetos en su mayoría que han seguido la inercia de la tradición marinera familiar, aprendiendo el oficio desde niños, entre salitre y sudor. Se resisten a usar las novedades técnicas que iban llegando… Su GPS era la cúpula celeste.

"Pedimos y suplicamos a vuestras mercedes nos dejen en nuestra costumbre y que usemos de lo que sabemos y alcanzamos, y hallamos cierto y seguro, y no innoven en cosa alguna".

(La cita en P. E. Pérez Mallaína, "Los libros de náutica españoles y la enseñanza del arte de navegar entre los hombres de mar del siglo

XVI", en "Visiones, propaganda y repercusiones del Descubrimiento de América", ed. David González, (Madrid: Silex, 2016), p. 351).

No obstante, hubo una clara excepción: Andrés de San Martín. Hombre formado y ambicioso, miembro de esa realeza de marinos que conformaban el colectivo de los pilotos de su majestad. Fue alumno de Américo Vespucio. Tras unos años en la Casa de la Contratación (primero como "becario" y protegido de otros altos funcionarios) entrar al servicio de la Corona como piloto real lo considera un cierto premio de consolación. Andrés apunta más alto: ansía ser piloto mayor. Acabará sustituyendo extraoficialmente a Ruy Faleiro como cosmógrafo en la armada.

Al final, como en toda empresa, el secreto está en afrontar los objetivos con determinación y actuar, a pesar del vértigo de la incertidumbre. ¡Que la motivación sea más grande que tus miedos!

Píldora de Julio de la Iglesia.
Ver vídeo con contenido adicional:
https://youtu.be/D0rZE6yLMLQ

CAPÍTULO 9

Los empleados del año: los protagonistas

"La historia del mundo es la biografía de grandes hombres"
Thomas Carlyle

Fernão de Magalhães nació en el año 1480 posiblemente en la ciudad de Sabrosa, provincia de Tras-os-Montes. El cronista y religioso Bartolomé de las Casas le describe como un hombre "de aspecto no muy brillante, bajo, cojo, que no parecía mucho, pero era muy tenaz y de gran valor". Hombre áspero, determinado y de pocas palabras, pero la grandeza de las personas se mide no por lo que dicen sino por lo que hacen.

Hijo de un hidalgo portugués muy venido a menos. Al morir sus padres, con diez años, es reclutado —junto a su hermano— para servir como paje en la corte de la reina Leonor, consorte de Juan II de Portugal. Así entró en contacto con la vorágine conquistadora de navegantes que pululaban por palacio en busca de su oportunidad. Allí conoció el proyecto de un tal Cristóbal Colón que pretendía ir hacia las Indias navegando por el Atlántico. Aquella locura se desestimó... Con dieciocho años, conoce al héroe nacional llamado Vasco de Gama, que conseguiría doblar el cabo de Buena Esperanza y encontrar una ruta a las deseadas islas de las Especias.

Deja atrás la adolescencia, el palacio y su cómoda vida. En 1505 zarpa de Lisboa una gran expedición portuguesa compuesta por veintidós naves al mando de Francisco de Almeida, Magalhães decide que es hora de empezar a cumplir su sueño y se embarca en una de ellas rumbo a la India..., pero aún está lejos de sentirse navegante, es un soldado raso más. A decir verdad, siempre se mostró más militar que marino.

En 1508 se embarca de nuevo, esta vez en una flota más pequeña y con destino a Malaca, en la actual Malasia, una península extremadamente rica y estratégicamente situada para dominar el monopolio de clavo de las Molucas, la pimienta de Malabar, los rubíes, la canela de Ceilán, porcelanas chinas, los marfiles de Siam, el sándalo de Timor... Ningún barco europeo había conseguido llegar hasta allí, la pequeña flota portuguesa fue la primera... y Magalhäes lo vivió en primera persona.

Después se alista en las guerras de Marruecos a las órdenes de don Jaime, Duque de Braganza, donde fue gravemente herido en la batalla de Azamor, dejándole una visible cojera de por vida que le impide permanecer más tiempo a la retaguardia.

Magalhäes es un hombre que se toma a sí mismo muy en serio. Vuelve a casa en busca de reconocimiento por su sacrificio, pero el encuentro —más bien desencuentro— con Manuel el Afortunado (sucesor de Juan) es un fiasco. El rey estuvo muy "desafortunado" y no sintió la más mínima empatía por él. Solicitó un mísero aumento de medio crusado en su moradia (pensión de 1.856 reales) como veterano fidalgo escudeiro y, además, lisiado. Se le denegó.

Sobre él pesaba la sospecha de traición. Magalhäes había sido acusado de vender artículos para el enemigo (como oficial de Intendencia fue uno de los responsables de distribuir el botín y decidió pagar los servicios de algunas tribus aliadas con parte de los animales capturados).

Este episodio —aparentemente injusto— le hizo perder la confianza del rey, pero era un hombre obcecado y se atrevió a pedirle una subvención para una expedición a las Indias con él al frente (nunca había ejercido de capitán). A Portugal no le interesa invertir en una empresa tan arriesgada y cara, ya tiene su ruta hacia las Molucas (aunque lo mantuvieran casi como secreto de Estado). No se le concede.

Magalhäes, humillado y lleno de rabia, finalmente solicitó que le liberasen de su nacionalidad y poder así trabajar para otra corona. Se vio cuarentón (en aquella época cumplían "años de perro"), impedido y con una reputación injustamente mancillada... Decidió buscar nuevos caladeros para su oceánico proyecto y cruza la frontera en busca de un mecenas o *business angel* más receptivo, abjuró de su nacionalidad portuguesa y resuelve ir a Castilla. Pierde sus títulos de caballero y de portugués. No volverá a ser Magalhães, había nacido Magallanes y así le conocerá la Historia.

Pero no estaba solo, Magallanes tenía un socio en la empresa. Durante el tiempo que estuvo en Portugal había trabado amistad con Ruy Faleiro, un experto cartógrafo y astrónomo bastante pintoresco. Al igual que Magallanes, estaba frustrado con la Corona portuguesa porque no se habían visto colmadas sus aspiraciones a ocupar el puesto de astrónomo real. No tenía ni idea de navegación, pero forma un tándem perfecto con Magallanes y de esa sinergia nace un proyecto común: buscar una ruta hacia las islas de las Especias, "mas no por el Oriente sino por el Poniente".

Junto a Ruy Faleiro forma una extraña pareja. Pese a la débil salud mental del cosmógrafo —una especie de sabio chiflado— Magallanes le cree cuando le hablaba de nuevas rutas y de un canal que conectaba el mar del Norte (océano Atlántico) con el mar del Sur (futuro Pacífico, recién descubierto por Núñez de Balboa). Ruy le da acceso a los mapas secretos portugueses. ¡Qué importancia tiene elegir bien a los socios fundadores! Es como casarse. Para muchos expertos, incluso es más importante con quién se funda una empresa que tener una buena idea.

Trazarían su plan basándose en los portulanos o mapas de navegación más fiables del momento, como el del cartógrafo Juan de la Cosa. Sin duda, estudió también el mapa de Martín de Bohemia donde se encuentra señalado el canal entre ambos océanos y va a disponer del mapa realizado por uno de los cosmógrafos que colaboraría con él, Jorge Reinel, posiblemente el más actualizado con el que contó para preparar su viaje. Junto a Panamá —en la costa oeste— se indica "mar visto por los Castellanos" en referencia al reciente mar del Sur (la expedición de Magallanes lo nombraría "Pacífico") y a poca distancia, en el borde izquierdo del mapa, aparecen dibujadas las Molucas, lo que va a provocar el grave error que Magallanes cometió al calcular la distancia y el tiempo necesario para alcanzarlas. Por otro lado, el extremo inferior de Brasil aparece dibujado como un paso hacia el mar del Sur, cuando en realidad solo se trata de la bahía del Río de la Plata. El verdadero paso estaba bastante más al sur.

Deciden presentar el plan a la Corona española: acabar con el monopolio comercial de Portugal y llegar a las islas Molucas (Especias) navegando por el hemisferio español a través del misterioso "paso" y regresar por el mismo camino: en ningún momento se planteó dar la vuelta al mundo. Este dato es crucial a la hora de repartir medallas.

Finalmente, Ruy Faleiro fue apartado del proyecto y no se embarcó, sustituido por el castellano Andrés de San Martín. La expedición adquirió un carácter más español con los nombramientos de funcionarios y la jura solemne de las banderas de las naves en la iglesia de Santa María de la Victoria de Triana.

Así se vio la salida del cosmógrafo entonces: "Vino orden del emperador que Ruy Faleiro se quedase, con pretexto de ir con otra Armada que se había de enviar después en seguimiento; pero fue tanto lo que Ruy Faleiro lo sintió, que, vuelto a Sevilla, se volvió loco furioso y por fin vino a morir rabiando, como dice la Historia Pontifical", Gaspar de San Agustín, "Conquistas de las Islas Filipinas" (1565-1615).

No hay que olvidar que Magallanes tiene en las Molucas un amigo llamado Francisco Serrano (es el principal estímulo para poner en marcha su idea) que le asegura conocer un estrecho que permite llegar a las Indias por Occidente.

Desde el primer momento Magallanes y su expedición se convirtieron en el objetivo de Portugal. Incluso llegó a temer por su vida. Jamás encontró su lugar: en su país natal se le tenía por un traidor y en España se desconfía de él. Desde luego, Magallanes no era ni mucho menos el orgullo nacional que nos quieren vender ahora los lusos con su ardor patriótico.

Carlos I, conocedor de todas las amenazas y sinsabores contra Magallanes, le concede un salario emocional al nombrarle comendador de la Orden de Santiago para protegerle y darle autoridad. Una dignidad que, sin embargo, negó a Juan Sebastián Elcano pese a solicitarlo expresamente tras el tornaviaje.

Al zarpar la expedición, Magallanes dejaba en Sevilla a un hijo, Rodrigo, de seis meses y a su mujer, Beatriz Barbosa, embarazada. Lamentablemente perdió el hijo que esperaba y el otro niño murió dos años después. Ella sobrevivió un año más (fallece en marzo de 1522, triste y repudiada por la corte al considerarse un traidor a Magallanes).

Afortunadamente Magallanes sí pudo disfrutar de la compañía de otro hijo, un bastardo al que enroló en calidad de paje: Cristóvão Rebêlo (fruto de un amor de juventud en la corte). El destino quiso que murieran ambos en la misma absurda batalla de Malaca. En el testamento (dictado y firmado en el Alcázar de Sevilla) le había legado treinta mil maravedíes. A su hijo legítimo, Rodrigo, le nombra heredero del mayorazgo. Dispone que, si muriera sin descendencia —falleció poco después—, su familia portuguesa deberá castellanizar su apellido, llevar sus armas y establecerse en Castilla. Se considera, por tanto, un español más. Sirva este dato para hacer reflexionar a los que siguen reivindicando la autoría portuguesa o para desmentir el tibio calificativo de "gesta ibérica" con el que se han etiquetado muchos actos de conmemoración del quinto centenario.

Magallanes no llegó a las Molucas. Muere lanceado en un combate sucio, de escaso lucimiento y sin sentido. Cabe destacar que deja escrita su voluntad de liberar a su esclavo Enrique a su muerte y diez mil maravedíes como legado. Esto no es un dato anecdótico, será una pieza clave del puzle.

Juan Sebastián Elcano. Pocos marineros vascos tan universales como Juan Sebastián Elcano (si Blas de Lezo no protesta) y por el que nunca ha habido mucho interés... Nació en Getaria, Gipuzkoa, en 1486, y falleció en el océano Pacífico, en 1526. Navegante de raza, buscavidas, íntegro, mujeriego, soltero empedernido, estratega, padre ausente y prófugo. Elcano personifica todas las contradicciones y tópicos de aquel mundo de hidalguía, honor y aventuras que acuñó el siglo XVI.

Guipúzcoa, era la capital de la industria pesquera vasca. Elcano estaba predestinado a ser marinero, dos de sus ocho hermanos lo eran y una hermana se casó con un piloto. Echó los dientes como marinero cazando ballenas y, a los veinte años, embarca en un transportador que llevaba tropas y material a África, donde los soldados del rey luchaban contra los árabes.

A los veintitrés se convierte en "empresario" armador y sufridor autónomo, al hacerse con una carraca de más de doscientas toneladas, Nuestra Señora de la Aurora, con la que sirvió al Cardenal Cisneros y prestó servició en Italia a las órdenes de don Gonzalo Fernández de Córdoba, el Gran Capitán. Y como el emprendedor es el último en cobrar... no recibió compensación y tuvo que pedir un préstamo a vasallos del duque de Saboya para pagar a su tripulación. Al no poder devolver el préstamo, se vio obligado a venderles la embarcación contraviniendo las leyes (ya que estaba prohibido a los marinos españoles "enajenar" sus naves armadas a los extranjeros en tiempos de guerra). Prófugo, buscó refugio en Sevilla y acudió a la Casa de Contratación, que le aportó la preparación oficial necesaria para obtener el título de piloto.

Probablemente fue alumno de Américo Vespucio (en cuyo honor se dio nombre a América, años después de la muerte de Cristóbal Colón) que fue el ilustre piloto mayor mientras duró la iniciativa de la escuela, pero no tuvo mucho recorrido. Hasta 1681 no se contará con una escuela de marineros propiamente dicha, que se ubicará en el Palacio de San Telmo. Cuando se embarca en la armada de Magallanes, ya era un marino experimentado, pero subió a bordo como uno más. Hasta la llegada a las Islas Filipinas, su protagonismo era simplemente nulo.

Inició el viaje como maestre de la Concepción y lo concluiría como capitán de la Victoria. No embarcó por sed de aventuras sino por necesidad.

Elcano fue uno de los castellanos que se involucró en el motín de Juan de Cartagena contra el portugués. No sabemos si secundó la revuelta porque se vio obligado por las circunstancias, pero pagó caro el estar jugando varias partidas a la vez. Le salvó la vida ser un gran marinero y su pena de muerte fue conmutada, aunque será castigado por ello y relegado sistemáticamente hasta que ya no hay más opción que darle paso. Sabemos, en cualquier caso, que Magallanes no le despertaba ninguna simpatía (así lo declaró frente al juez Diez de Leguizano en 1522, al regresar) debido a "su autoritarismo y por pretender marginar a los españoles en los mandos de la armada".

Resultaría el hombre providencial de la expedición, se convirtió en ese líder carismático capaz de arrastrar a los demás, mantener la moral y el compromiso incondicional pese a tener todo en contra. Gracias a su iniciativa y pericia náutica, coronó la mayor gesta de la historia naval, aunque su figura ha sido sistemáticamente ninguneada. ¿A cuántos de vosotros os enseñaron en el colegio que la primera vuelta al mundo la realizó un portugués llamado Magallanes? Y eso, cuando no se obvia directamente uno de los episodios más relevantes de nuestra historia.

El mar —al que nunca temió— se convirtió en su tumba. Falleció a unos 1.370 kilómetros al sur suroeste del archipiélago de Hawái en el Pacífico, corría el año 1526 (solo hacía cuatro que había culminado su heroicidad) cuando estaba al mando de la segunda travesía al Maluco, conocida como Expedición de Loaysa. Y de la que no partió siendo capitán tampoco. Murió por intoxicación de ciguatera —no por escorbuto, como se afirma— por la ingesta de un gran pez, posiblemente barracuda, "con dientes como de perro" (según la crónica de Andrés de Urdaneta) "y murieron también todos los hombres principales que comían con él, casi en tiempo de cuarenta días" (Juan de Mazuecos). El origen tóxico se encuentra en unos microorganismos que viven en los arrecifes caralinos, los peces herbívoros los comen sin que les afecte, pero los "carnívoros" —que se alimentan de otros peces— acumulan más toxinas.

Su testamento es un documento curioso y conmovedor. Por las cosas que dejó escritas podemos deducir que a Elcano le gustaba vestir bien: "Mando a Hernando de Guevara el jubón de carmesí cubierto de tafetán acochillado". Más allá de lo anecdótico, hay que tener en cuenta lo caro que era vestirse por aquel entonces y poner en perspectiva el valor del legado. Hay una mención sumamente curiosa a la que fuera la madre de su hijo: "Mando a Mari Hernández de Hernialde, madre de Domingo Delcano, mi hijo, cien ducados de oro por cuanto siendo moza vírgen hube" (¡ahí es na!). Nunca la desposó, tampoco a la madre de su otra hija que aguardaba en otro puerto...

El capítulo más emotivo del testamento es la mención a su amigo el piloto y cosmógrafo Andrés de San Martín, al que lega un almanaque, un libro de astrología y paños: "Mando el jubón de tafetán plateado que se le dé a Andrés de San Martín... si le toparen". Algo realmente conmovedor, su amistad se asentó en las peores jornadas de navegación y se resistía a creer que hubiera muerto en la emboscada del convite de Cebú. Incluso vino desde Mactán una caja de clavo a su nombre que su heredero, su hermano, disfrutó. Consta que Carlos V costeó la dote a la hija del piloto. Sin duda Andrés fue muy querido por todos. ¿Qué habría pasado si en lugar de él se hubiera embarcado aquel socio histriónico de Magallanes, Ruy Faleiro? ¡La importancia de formar un buen equipo! Y es que, no todos los buenos jugadores encajan en todos los equipos.

> Afortunadamente, cada vez más los reclutadores se fijan en ese "encaje" —y van dejando atrás su labor de "repuestos humanos"— para apostar por recursos que realmente sumen, no solo desde el plano profesional sino también humano.

CAPÍTULO 10

Plan de empresa: búsqueda de inversores para empresa multinacional de capital riesgo

> "Dentro de veinte años estarás más decepcionado por las cosas que no hiciste que por aquellas que hiciste. Así que, suelta amarras, navega lejos de puerto seguro. Atrapa los vientos alisios en tus velas. Explora. Sueña. Descubre"
> Mark Twain

Magallanes, podría parecer un loco idealista más al rebufo de la conquista ultramar. Pero este apátrida, arisco, cojo y portugués logró medrar en Sevilla, consiguió audiencia con el rey (gracias a un matrimonio estratégico, por no decir claramente braguetazo) y se hizo con el respaldo económico de un importante valedor: Cristóbal de Haro, naviero con una sólida base financiera. Los contactos y recomendaciones que ha forjado Magallanes —en tiempo récord— serán la mejor carta de presentación a la hora de buscar inversores, socios y financiación tanto de entidades privadas como públicas.

Como hemos visto, se naturalizó español para liberarse de las ataduras de Portugal, que había desestimado su empresa. Para conquistar la confianza del Consejo, antes "conquistó" y se casó con Beatriz, la hija de Diego Barbosa, otro navegante de origen portugués arraigado en Sevilla y alcaide de las Atarazanas.

El aval de su suegro parecía credencial suficiente para convencer a la Casa de Indias (o Contrataciones) trámite indispensable para todo el que quisiera navegar bajo pabellón español. Después, ya pediría audiencia a la corte castellana. Pero en la Casa de Indias no le quieren o no le pueden ayudar, aunque uno de los miembros de la comisión se interesa por el proyecto: Juan de Aranda, "factor y el socio de la agenda" que muestra interés en profundizar en privado. Será quien le allana el camino a la corte. Se une Cristóbal de Haro, el socio capitalista, ofreciéndole financiar la empresa a través de "un préstamo en condiciones muy ventajosas" (para él). Este *bussiness angel* calculó que la expedición de Magallanes podía obtener un 250 % de beneficios.

Haro era un reconocido naviero burgalés afincado en Portugal, se había enriquecido extraordinariamente con el envío de barcos a la costa brasileña para comerciar con madera. Además, era el representante de la casa de Fugger, una influyente dinastía de banqueros radicada en Amberes. Un desencuentro con la Corona portuguesa (debido a la pérdida de una flota a manos de corsarios portugueses y la posterior indolencia del rey Manuel I) provoca una aversión irreversible hacia la Corona lusa. No duda en abrir sus arcas para subvencionar un proyecto español contra los intereses portugueses: es su dulce venganza.

Con este benefactor ya sí obtiene el apoyo de la Casa de Contratación. Así, respaldado económicamente, Magallanes accede a la corte y solicita navegar bajo pabellón español. Aunque la burocracia y los intereses creados huyen del riesgo y la innovación, su voluntad, determinación y perseverancia son las claves. Ha sido un hábil e inteligente negociador.

La ventaja geoestratégica y económica para la Corona española —si lo lograban— era el mayor reclamo del proyecto. Este era su plan de negocios para presentar en la Corte:

- Producto: el clavo de olor, la materia más demandada (¡y *eco-friendly*!).
- Objetivo: una nueva ruta para acceder al clavo tratando directamente con el proveedor y consiguiendo el mejor coste posible. Ese es el valor añadido.
- Análisis del mercado: la demanda de especias era muy superior a la oferta (encarecida por tantos intermediarios involucrados en la prestación del servicio) y los márgenes muy altos.
- Análisis de la competencia: Venecia y Génova, tras años de monopolio, se encuentran con los turcos impidiendo el paso a

la ruta salvo abusivos aranceles. Con la exclusiva ruta abierta en el Atlántico, el camino se despeja para ellos.
- Forma jurídica: la empresa es cien por cien española, con capital castellano y con un "naturalizado" español al frente.
- Infraestructuras: la flota va a constar de cinco naves y el capital humano (la marinería) suficiente como para gobernarlas.
- Plan financiero y modelo de negocio: el objetivo económico se alcanzará a través de un objetivo previo geográfico, encontrar un paso al nuevo mar y una ruta a La Especiería de ida y vuelta por el "hemisferio español".
- Resumen ejecutivo: en caso de éxito de la empresa, España se reafirmará como primera potencia mundial frente a la competencia.

> Por supuesto en la mayoría de los planes de negocio de los emprendedores, no se contempla el "Plan de salida o escape". Todos somos muy optimistas y, sin duda, uno de los principales motivos por los que fracasan las *startups*, es ese exceso de confianza de sus fundadores.

CAPÍTULO 11

Corporate

"El éxito consiste en ir de fracaso en fracaso sin desesperarse"
Winston Churchill

La expedición magallánica a las Molucas es una empresa de capital riesgo, asumido por los inversores que son la Corona de Castilla y Cristóbal de Haro.

La Casa de Contratación de Indias se estableció en Sevilla en 1503 —por Decreto Real— para fomentar y regular los viajes comerciales con el Nuevo Mundo. Era el organismo que controlaba absolutamente todos los asuntos náuticos: otorgaba las licencias para armar naves, fijaba los rumbos, archiva mapas, bitácoras e informes. Su denominación oficial era Casa y Audiencia de Indias. Se asentó en un edificio cercano a los astilleros, las Atarazanas o arsenal (dándose a conocer para el gran público gracias al rodaje de "Juego de Tronos") y cuyo alcaide era Diego Barbosa, suegro de Magallanes. No tardaron en trasladarse al Alcázar Real debido a la humedad del primer emplazamiento, muy cercano al mar, que estropeaba las mercancías y archivos. Allí no solo se administraba todo lo relacionado con los viajes de ultramar, sino que funcionaba como un tribunal jurídico también. Estaba dirigida por el todopoderoso Juan Rodríguez de Fonseca, obispo de Burgos, que ya había supervisado la travesía de Colón (y con el que, al parecer, llegó a las manos).

Sevilla había sido un lugar provinciano que se vio desbordado por el descubrimiento de América y los viajes de ultramar.

En poco tiempo, se convirtió en la puerta de acceso al Nuevo Mundo y se trasformó en un enjambre de burócratas, marineros y buscavidas, atraídos por las riquezas y aventuras que prometía su puerto en la playa de los Arenales. Aquella efervescente ciudad se convirtió de repente en la vanguardia más puntera, el Cabo Cañaveral o en el Silicon Valley de la época.

La audiencia real de Magallanes tiene lugar en Valladolid (ciudad donde Isabel y Fernando, los Reyes Católicos, se casaron y en la que murió Cristóbal Colón) entonces capital de Castilla. Expuso el proyecto y, a falta de PowerPoint, presentó las cartas de su amigo el explorador portugués Francisco Serrão relatando las riquezas de aquella isla, que él situaba en territorio español para no violar el Tratado de Tordesillas.

Las relaciones hispano-lusas eran una verdadera guerra fría con matrimonios estratégicos, diplomacia y mucha desconfianza por ambas partes. Procurar matrimonios políticamente ventajosos era el objetivo de todas las monarquías, el soberano de Portugal, el rey Manuel, no se había casado solo con una tía de Carlos I sino con dos (primero con Isabel y luego con María) y se proponía contraer matrimonio con la hermana de Carlos, Leonor, (que había sido novia de su hijo y, al parecer, mantuvo la relación después del enlace... lo que le convirtió en la comidilla discotequera de la corte).

Castilla se encuentra muy endeudada (ha de "comprar" el nombramiento de su emperador previsto para junio de 1519 y las arcas reales están exhaustas) por ello, en un principio bloquea la entrada de Cristóbal de Haro, pero finalmente se ve obligada a abrir una "ronda de financiación" y se acepta a este nuevo socio inversor con la ampliación de capitales. Adelantó dinero al 14 % de interés. Invierte el 20 % de los 8.751.121 totales (1.750.000 maravedíes) estimados en la flota de cinco barcos, bastimentos para dos años, salario de la marinería (se les adelantan cuatro meses), pólvora y armamento, instrumental a bordo...

Las fricciones hispanoportuguesas van a ser una máxima desde el mismo momento en que Castilla avala el plan de Magallanes. Portugal tratará de frenar la expedición y la rivalidad entre ambas potencias se traduce en unas relaciones muy complicadas a bordo con un portugués —y su gente de confianza— al frente de una armada castellana.

> En España somos muy dados a traer el talento de fuera; cuántas veces habremos visto durante nuestra trayectoria profesional el nombramiento de directivos —para puestos clave— que venían directamente de la oficina central, desubicados, ignorantes del mercado local pero con esa pátina de suficiencia por venir de *headquarters*...
>
> No nos engañemos, de entrada, siempre se nos encienden las luces de alarma. Y Magallanes, aunque naturalizado español, recordemos que venía directamente de la competencia.
>
> Guardemos un minuto de silencio por el talento local.

CAPÍTULO 12

Competencia, espionaje industrial y desinformación: se copian las ideas, pero no el talento

> "La competencia saca lo mejor de
> los productos y lo peor de las personas"
> David Sarnoff

En plena carrera conquistadora, una información veraz de las rutas comerciales era secreto de Estado. Los gobiernos guardaban celosamente todos los mapas y cartas de marear ya que eran esenciales para la seguridad nacional y evitaban a toda costa el "espionaje industrial": la cartografía era una ventajosa arma estratégica y no podía caer en manos de la competencia.

La apuesta de Cristóbal Colón removería los cimientos geopolíticos de ambas potencias. Los españoles aducirían que los nuevos territorios conquistados no estaban al sur sino al oeste. Los portugueses las reclamaron alegando que las conquistas de sus vecinos eran "ilegales". Así las cosas, los monarcas acudieron al arbitraje del papa Alejandro VI (religión y política iban de la mano) que daría la razón a los españoles (casualmente, los mayores contribuyentes al erario vaticano). Desde entonces, todos los mapas de la época muestran a las Islas del Caribe al mismo nivel que las Canarias.

Los cartógrafos comenzarían a aplicar el Teorema de la Recta Astuta a sus propios mapas, sobre todo sabiendo que lo problemático era calcular la longitud, pero no la latitud. De esta forma los mapas de Juan de la Cosa (1500) y el Planisferio de Cantino de 1502 se corrigieron ligeramente para que cuadrase con lo establecido en el Tratado de Alcaçobas en perjuicio de los portugueses.

El Atlas Miller, está considerado como el documento cartográfico más importante —y bonito— de todos los tiempos, fue realizado por Lopo Homem y Pedro Reinel. Llama la atención por sus extraordinarias miniaturas, obra de Antonio de Holanda, más propias de un libro de horas. Por encima de todo, posee un valor geopolítico excepcional y es el paradigma de la "contrainformación". Fue encargado en 1517 por Manuel I el Afortunado, rey de Portugal, como regalo a su futuro cuñado, Carlos I, con la insana intención de disuadir a la Corona española de sufragar el proyecto de Magallanes, una vez que son conscientes de lo que han dejado escapar, y lo que un triunfo de la expedición podría suponer para los intereses portugueses.

El mapa resulta paradójico porque oculta la información que aparentemente revela: al sur de Asia se incluyen varios ríos inventados en las zonas aún ignotas, Brasil se une con Asia para hacer creer que el mar era un inmenso lago y no era factible navegar a las Molucas por el oeste. La única ruta posible era la que ellos contralaban bordeando África. Manuel I perseguía crear "un cinturón de castidad" en torno a las Molucas para que nadie se beneficiara de ese gran negocio y pusiera en peligro el monopolio portugués. Querido Manuel I, que te preocupe más la incompetencia de tus asesores que tu competencia.

A medida que avanzan los preparativos de la expedición, Portugal se pone más y más nervioso: tiene que frenar el proyecto por las buenas, las malas, o por las peores. Comienzan las intrigas, el juego sucio y las amenazas. El primer movimiento de Portugal es vía diplomática a través del consejero Álvaro da Costa. El embajador luso se encuentra en la corte de Carlos I con la misión de pedir la mano de la infanta doña Leonor para el rey Manuel de Portugal. Siguiendo instrucciones de su rey, intentó por todos los medios que la expedición no se llevara a cabo: probó a tentar a Magallanes con promesas si desistía y accedía a regresar a casa. Después subió de tono: si se obstinaba en seguir adelante ofendería a Dios, al rey Manuel y se deshonraría para siempre. Su familia y herederos lo pagarían. Magallanes no se amedrentará y se mantiene firme.

Álvaro da Costa apeló entonces al propio rey Carlos I: "Vuestra Alteza dispone de suficientes vasallos para llevar a cabo descubrimientos sin necesidad de recurrir a resentidos como Magallanes". Advierte que está en juego el matrimonio del rey Manuel con Leonor. Tampoco las veladas amenazas al rey surten efecto.

Desesperado, intentó boicotear el proceso de "selección" y reclutamiento de la flota para relevar a los portugueses del mando de la expedición, aprovechando la animadversión que la Casa de Contratación de Sevilla sentía hacia ellos. Sin duda, este movimiento mermó la capacidad de decisión de Magallanes y, a la larga, provocaría una vía de agua capaz de hacer naufragar la flota…

El padre fray Bartolomé de las Casas habla incluso de un plan para liquidar a Magallanes orquestado por el obispo Vasconcellos, confidente del rey Manuel, y que obliga a redoblar precauciones: "así andaba a sombra de tejados" nos relata. El rey Carlos I vio una amenaza real y le brinda su protección proporcionándole guardaespaldas. De cara a preservar sus intereses, reforzar la autoridad de Magallanes y como toda una declaración de intenciones, el monarca les concedió otra audiencia (a Ruy Faleiro, su "socio", y a él), los nombró caballeros de la Orden de Santiago y reafirmó las condiciones de su misión.

La presión portuguesa no impidió la salida de la armada (que se organizó en diecisiete meses) pero, sin duda, emponzoñó la misión. Pese a las sospechas y acusaciones, Magallanes siempre fue leal a Carlos I. Nada indica que estuviera traicionando lo acordado con él antes de partir, pero las reticencias por ambos bandos nunca cesaron. No fue un personaje ni muchos menos apreciado.

> Magallanes no lo tuvo nada fácil, como cualquier emprendedor, pero perseveró frente a lo indecible. Todo nuestro respeto y admiración por esos soñadores que se inspiran cada día en quienes quieren llegar a ser.

CAPÍTULO 13

Fuga/retención del talento

"Es la combinación entre el talento razonable y la capacidad
de perseverar ante el fracaso lo que nos conduce al éxito"
Daniel Goleman

Off the record, los dos errores históricos de Portugal —como hemos visto— han sido Colón y Magallanes. Ambos proyectos fueron rechazados por nuestros vecinos y los dos expedicionarios tuvieron que buscar un mecenas/inversor más receptivo en España. Tanto a Colón como a Magallanes trabajar para la competencia los convertía en "mercenarios" y traidores a la patria lusa. Como vemos, la fuga de talento ya se daba en aquella época.

Los cuadernos de bitácora, los mapas y portulanos eran información sensible que se protegía celosamente (en la Tesorería de Lisboa y en la Casa de Contratación de Sevilla). El rey Manuel prohibió por edicto "hacer declaraciones acerca de la navegación más allá de la corriente del Congo".

Se produjo también un caso de "espionaje" porque dos de los autores del engañoso Atlas Miller (que hemos visto) Pedro Reinel y su hijo Jorge, participaron además en la preparación del viaje de Magallanes. Las filtraciones viajaban en una carretera de doble sentido.

La idea del paso a mar abierto era un runrún que se escuchaba en todos los mentideros y tabernas portuarias del país vecino. Martin Behaim y Johannes Schöner habían situado en el grado 40 de latitud la entrada a un estrecho... En realidad, era el estuario del Río de la Plata, el verdadero estrecho se localizaba sobre el 52. Recordemos que también Serrao, amigo de Magallanes en las Molucas, le habló de ello por carta.

> Empresarios del mundo, si quieren asegurarse el negocio, cuiden de sus empleados, inviertan en su bienestar y evitarán en gran medida la rotación.

CAPÍTULO 14

Bicefalia: consejero externo impuesto por los accionistas

"La envidia es la úlcera del alma"
Sócrates

Los españoles que formaron parte de la expedición no encajaron bien la decisión real de nombrar capitán de la flota a un portugués. Lo perciben como una amenaza y una potencial traición. Solo por este motivo, Magallanes despertó recelos desde el primer momento, ya que sospechaban que terminaría traicionando a la Corona española, algo que nunca ocurrió. Tampoco parece que él pudiera —o supiera— gestionar este rechazo, ya que siempre hizo gala de un liderazgo autoritario, con actitudes desestabilizadoras como la nula comunicación o empatía. Esa falta de confianza, elemental en cualquier equipo de trabajo, fue el Big Bang de todo lo que aconteció después.

Pigafetta, el cronista de la expedición (muy promagallanes) registra esta animadversión en su diario desde las primeras páginas. "Ignoro la razón, a no ser que se debiese a que el capitán general era portugués y ellos eran españoles, enemistados desde hace mucho tiempo y que albergaban una mutua malevolencia".

Los prejuicios, la desconfianza y las envidias embarcaron con todos ellos. Se fue gestando un rencor que creó fricciones desde el principio, y ya se sabe que los problemas no tratados a tiempo se enquistan, siendo muy difícil solucionarlos y volviendo las situaciones irreversibles, como en efecto ocurrió.

Durante la recta final de los preparativos, Magallanes fue avisado para que se presentase con urgencia en la Casa de Contratación.

El obispo Juan Rodríguez de Fonseca, presidente de la Secretaría de Indias y máximo responsable de la expedición a las Molucas ante el rey, le informa de que restringe el número de portugueses a bordo a veinte (alguno más coló Magallanes entre el crisol de culturas embarcadas).

Además, se le comunica uno de esos fichajes de relumbrón: Juan de Cartagena, un grande de España (frente a Magallanes, humilde escudeiro y noble de cuarto grado), millonario de pata negra y un auténtico "bobo" de mar que embarcará en calidad de veedor real y "conjunta persona". Cargo que le va como anillo al ego: tendría la última palabra en todos los aspectos comerciales de la expedición, y sería los ojos y oídos del monarca. No olvidemos la cuestión monetaria —que en aquella época escocía igual que ahora—. Juan de Cartagena tendría un salario sustancialmente más elevado que Magallanes, el más alto de la flota: 110.000 maravedíes. Como para no cabrearse.

Determinar las fronteras de la autoridad de uno y otro no resultó fácil. Sin duda, Juan de Cartagena —respaldado por el ego de su linaje— se sintió imbuido de un poder que no le correspondía. Su rancio abolengo (muy rancio), los credenciales y avales que le respaldaban (y el simple hecho de ser español) le bastaron para desafiar la autoridad de Magallanes. Dos gallos en un mismo corral nunca es una buena idea. El liderazgo en ciertas circunstancias, y más en la mar, debe estar meridianamente claro. Uno tiene que salir de la ecuación.

Un detalle más para hacernos a la idea de la soberbia y prepotencia de Cartagena: era "sobrino" del obispo Fonseca, pero el término no dejaba de ser un eufemismo ya que se cree que era su hijo ilegítimo. No era el único caso de esta peculiar forma de nepotismo. El contable de la flota, Antonio de Coca, era "sobrino" del hermano de Fonseca. También se nombró a dos íntimos del obispo como capitanes: Gaspar de Quesada —que capitaneó la Concepción— y Luis de Mendoza, al mando de la Victoria.

Juan de Cartagena irá al mando de la San Antonio. Juan Serrano —el único capitán que respetan de los propuestos por Magallanes— comandará la Santiago (la más pequeña y manejable). Es pariente de su amigo Francisco Serrao que está en las Molucas. Magallanes irá al frente de la nave capitana, la Trinidad. El amiguismo está a la orden del día. El reguero de pólvora está extendido y la mecha es muy corta.

Magallanes no era un hombre fácil de descifrar y esa falta de comunicación ("limitaos a seguirme y no hagáis preguntas") vino a colaborar en lo peor de esta historia. La bicefalia y los prejuicios fueron el origen de graves problemas a bordo. La flota no se había hecho a la mar y ya hacía aguas.

> La nacionalidad, el sexo, origen o creencias no nos dan ni nos quitan capacidades.

CAPÍTULO 15

Clima laboral: *mobbing*

> "Juntarse es un comienzo. Seguir juntos
> es un progreso. Trabajar juntos es un éxito"
> Henry Ford

Las intrigas de Álvaro da Costa, embajador de Portugal, para detener el proyecto no dan resultado. Se encarga a Sebastián Álvarez, cónsul de Portugal en Sevilla, que continúe el sabotaje de la expedición. Así sobreviene otro lamentable incidente en el puerto debido a las banderas izadas para engalanar la Trinidad.

El 22 de octubre, aprovechando una bajada de la marea del Guadalquivir, la Trinidad es varada para carenarla. Magallanes pide izar en los cabrestantes las banderolas con su escudo, bastaron los murmullos malintencionados de un infiltrado entre la muchedumbre curiosa del puerto para prender la mecha: "es una bandera portuguesa", "traidor", "vendido", "está provocando". Las hordas —convenientemente azuzadas— intentan bajar los gallardetes… La trifulca va subiendo de tono. Aparece el canónigo Matienzo (primer oficial de la Casa de Contratación) y detiene al Alcalde del Mar, que estaba malmetiendo, pero se le exige a Magallanes que entregue los estandartes: se niega, son algo personal. Aún adolece de un castellano mal hablado, necesita intérprete y esto acrecienta el resquemor sobre su calidad de extranjero. El teniente le agrede y grita a sus alguaciles que le prendan. Magallanes, furibundo, abandona la nave: que los funcionarios hagan con ella lo que quieran, no atentarán contra él, sino contra una propiedad real.

Indignado, Magallanes escribe al rey: "Considero que la afrenta de que he sido objeto no afecta a un tal Fernando de Magallanes sino a un capitán de Vuestra Majestad". Los empleados del puerto son severamente castigados, pero fue un duro revés que puso de manifiesto que no era capaz de mantener el orden ni en el propio muelle. Episodio clarividente de lo que le esperaba.

> Lamentablemente los comportamientos abusivos, intimidantes y vejatorios siguen dándose en los entornos laborales. El miedo a perder el puesto de trabajo, a denunciar, a las represalias... hace que lo declarado y, consecuentemente, los resultados de las encuestas de clima, así como en los buzones de sugerencias y los canales de comunicación entre la dirección y los empleados, sean más bien una medida cosmética.
>
> Una importante fuente de información son las entrevistas de salida, es decir, cuando un empleado causa baja voluntaria. Una vez que ya no está condicionado, podrá hablar libremente de los motivos de su decisión.

CAPÍTULO 16

We are hiring! Proceso de selección, entorno multicultural

"El *quién* es más importante que el *qué*"
Ray Dalio

"Se buscan hombres para viaje peligroso. Sueldo escaso. Frío extremo. Largos meses de completa oscuridad. Peligro constante. No se asegura el regreso. Honor y reconocimiento en caso de éxito". Todos hemos oído hablar de ese famoso anuncio publicado en el Times en 1907. Respondieron más de cinco mil aspirantes para enrolarse en la tercera incursión en territorio antártico con el carismático Ernest Shackleton al frente.

El proceso de selección de la expedición magallánica fue también peculiar. Un pregonero iba anunciando la inminente salida de la flota, pero sin desvelar objetivo ni misión, comentaba que era un viaje a un destino desconocido, de unos dos años de duración y con un portugués al frente. No debió de resultar muy tentador porque, ante la falta de candidatos, Magallanes tuvo que echar la red aún más lejos y el proceso de búsqueda se amplió a Málaga.

En los Archivos de las Indias está registrada toda la documentación y la "imperiosa necesidad de enrolar tripulantes expertos en la expedición" según palabras del propio Magallanes. Fue una armada multicultural (diversa, que diríamos ahora), sabemos que viajaron cerca de ciento cincuenta españoles (diez guipuzcoanos gracias a Elcano) y más de treinta portugueses que —pese a las limitaciones impuestas por Carlos I— se colaron en Canarias aprovechando la parada técnica y otros "castellanizaron" su apellido para lograr enrolarse. La consigna era: españoles o que sabían parecerlo… En uno de los documentos ("Relación de expedicionarios, su cargo y su sueldo") hay una anotación muy curiosa al margen de un funcionario suspicaz que dice: "Éste va a ser portugués…".

Como en cualquier empresa, es muy significativo a quién contratan, a quién despiden y a quién ascienden. A bordo hay una verdadera Babel. Aunque es difícil marcar la trazabilidad de todos los tripulantes, uno de esos portugueses que embarcan españolizando su nombre fue Juan López Carvallo, piloto de la Concepción, natural de Portugal. De carácter impulsivo y visceral, sus decisiones causarán no pocos problemas. Su sueldo era de 2.500 maravedíes —una pequeña fortuna— pero le pudo la ambición y se emborrachó de poder, un terreno donde muchos se han perdido. No todo el mundo sirve para liderar un equipo.

Aunque le limitaron el número de portugueses, Magallanes logró que siguieran con él dos de sus parientes: Álvaro de Mesquita, primo por vía materna, y su cuñado Duarte Barbosa, que incluso llegó a ser capitán de la Victoria y comandante de la expedición —junto a Juan Serrano (João Serrão)— cuando la tripulación se vio dramáticamente diezmada. Sin duda, esta es una de esas organizaciones en las que el organigrama parece un árbol genealógico…

También es digno de mención el caso de Magallanes y su hijo ilegítimo, Cristóbal Revelo (Cristóvão Rebêlo), embarcado como "paje" con el nombre castellanizado (este parentesco lo desvela la crónica de Rodrigo Aganduru Moriz, misionero e historiador español autor de "Historia General de las Islas Occidentales a la Asia adyacentes, llamadas Philipinas", del s. XVI). Hubo varios padres e hijos que embarcaron juntos con lo que, a las exigencias de la dura expedición, había que sumarle la carga emocional. El piloto Juan Rodríguez de Mafra viajaba con su hijo Diego, el niño Vasquito (al que la tripulación cuidó al morir su padre) era hijo del piloto Vasco Gallego, Francisco era el hijo del capitán Juan Serrano. El marinero Domingo era hijo del maestre Juan Bautista de Punzorol (conocido como el Piloto Genovés, pues así firmó la breve crónica del viaje que nos dejó escrita). Diego, hijo del marinero Cristóbal García. Francisco, hijo del sobresaliente Álvaro de Mesquita (primo de Magallanes).

Al llegar a Brasil, el piloto Juan López Carvalho se reencontró con un hijo mestizo que había tenido allí con su "coima", una nativa con la que convivió en un viaje anterior. El niño terminó embarcando junto a su padre en la nao Trinidad. A la madre no se le permitió hacerlo.

De la tripulación inicial de 247 hombres, 147 eran españoles, veintinueve portugueses y el resto pertenecían a otros reinos. Dentro de los españoles, salvo tres navarros (ya estaba anexionado el reino de Navarra a la Corona de Castilla) todos eran castellanos. Si vamos a las regiones actuales de España, treinta eran vascos y el resto de otras zonas, especialmente andaluces, unos sesenta y siete, mayoritariamente de Sevilla y Huelva, también de otras zonas costeras del norte y del interior, incluso de Madrid. Llama la atención Gaspar de Quesada ¡que era de Jaén y piloto! En cuanto a los italianos, fueron unos veintisiete, la mayoría de Génova, aunque el cronista Pigafetta era veneciano. El crisol de nacionalidades se completa con unos veinticinco franceses, siete griegos, cinco flamencos, tres alemanes, dos irlandeses, un inglés y un malayo (Enrique, esclavo e intérprete de Magallanes). Nunca había partido de España una tripulación tan internacional. Sin duda la diversidad enriquece al equipo y aporta valor.

Con la incorporación de los *millenials* al ámbito laboral, se registró una apertura en temas de inclusión, diversidad e igualdad. En los países anglosajones se conoce como movimiento DEI (*diversity, equity and inclusion*). Como dato, las compañías del SP500 más diversas son un 24 % más rentables.

¿Cuántos embarcan? En 1837 Martín Fernández de Navarrete publicó la primera gran recopilación de documentación archivada, lo que supone el primer estudio moderno sobre la expedición. En él da una cifra que veremos repetida en muchas publicaciones posteriores: 265 tripulantes. Pigafetta nos dice que se enrolaron 237 pero hay que sumarle unos veinte más. Sabemos que en Tenerife embarcan cuatro personas (y curiosamente desembarca uno) lo cual es un dato que no siempre se tiene en cuenta. Parece que 247 es el número correcto.

¿Cuál era la edad de los tripulantes? Si tomamos como referencia la edad de los dieciocho hombres supervivientes que volvieron en la Victoria, la media era de 29,81 años. Eran muy jóvenes, pero hay que tener en cuenta la esperanza de vida de la época y la precocidad en entrar en el mundo laboral dada la necesidad. En el año de la salida 1519, Juan Sebastián de Elcano tenía treinta y dos años y Magallanes era un veterano con treinta y nueve años.

Sabemos que Elcano ya estaba en Sevilla ocho meses antes de partir. En los documentos está inscrito primero como contramaestre, pero fue pronto ascendido a maestre. Acabó como piloto de la Victoria y héroe indiscutible de la expedición.

Enrique de Malaca, el Negro, consta como "esclavo de Magallanes", realizó además unas cruciales labores de traductor o truchimán, como se conocía entonces. Cobrará un sueldo bastante alto, de mil quinientos maravedíes. Quedaos con su nombre.

Dentro de la historia oficial de la armada hay unas microhistorias fascinantes. Hay un hombre que cruzó el océano Atlántico dos veces con Cristóbal Colón y el Pacífico con Fernando de Magallanes. Y no es famoso. Se llamaba Juan Rodríguez de Mafra, natural de Palos de la Frontera y murió en Filipinas con cincuenta y un años, con el cargo de piloto de Su Alteza. El veterano piloto vio partir a Cristóbal Colón en su primer viaje, pero no quiso acompañarle "porque lo tenía por cosa vana e pensaba que no habían de topar con tierra" aunque sí embarcó en las dos travesías siguientes. Con más de cincuenta años, se enroló junto a Magallanes. Hoy, como entonces, una persona mayor de cincuenta está injustamente desahuciada en el ecosistema laboral (¡ay, el edadismo!), pero una cosa está clara: la experiencia no se improvisa.

También se hace necesario nombrar al maestre Hans, un embajador maravilloso de los conquistadores y la carrera ultramar. Ostenta el honor de ser el primer hombre que dio dos vueltas al mundo. Era alemán, natural de Aquisgrán y un cualificado lombardero que prestó sus servicios a bordo de la nao Victoria. Las lombardas alemanas —o primitivos cañones— eran las más demandadas de la época.

Hans fue uno de aquellos dieciocho supervivientes que llegaron en la Victoria, con Elcano al frente, tras haber dado la primera vuelta al mundo. Precisamente su amistad con el vasco hizo que no dudara en embarcarse con él en la Expedición de Loaysa, la segunda —y malograda— expedición española al Maluco.

Nada menos que once largos años se pasó —al otro lado del mundo— luchando junto a Andrés de Urdaneta contra los portugueses por el control de la Especiería. Aquella contienda finaliza de forma pacífica en 1529 con la firma del Tratado de Zaragoza. Los pocos españoles que sobrevivieron fueron trasladados por los portugueses a España, bordeando África, de modo que el maestre Hans culmina el hito de su segunda circunnavegación.

Tentando a la suerte por tercera vez, se embarcó de nuevo hacia Nueva España, y desde aquí hacia el Maluco en la expedición de Ruy López de Villalobos, sin que tengamos más noticias.

> Cada persona que se integra en un equipo debe comprometerse con los objetivos y actividades asignadas. Un error recurrente en los emprendedores es el individualismo, el creer que el desempeño e implicación de los demás no va a ser igual. Es necesario un cambio de mentalidad del "yo" al "nosotros".
>
> Por supuesto que en la fase inicial de las *startups* y pequeñas empresas todos somos "hombre orquesta", la falta de financiación —y la ilusión— hacen que tu productividad (y la creatividad) se dispare, pero a medida que se va consolidando el modelo de negocio, hay que aprender a delegar.

CAPÍTULO 17

Remuneración e incentivos

"Si el emperador me quiere, que me pague, solo el honor de estar con él no me alcanza"
Wolfgang Amadeus Mozart

En general se puede decir que todos eran asalariados libres, salvo Enrique el Negro, criado de Magallanes. La gran mayoría pertenecía a la masa precarizada y analfabeta, pero eran solventes marineros. Estos son algunos de los sueldos mensuales en maravedíes que percibían los expedicionarios y las categorías principales:

- Capitán de nao: 4.000 maravedíes
- Piloto: 3.000 maravedíes
- Escribano: 2.000 maravedíes
- Carpintero: 1.800 maravedíes
- Marinero: 1.000 maravedíes
- Soldado: 1.000 maravedíes
- Grumete: 800 maravedíes
- Paje: 500 maravedíes

La tripleta directiva la formaban el piloto (técnico de navegación), maestre y capitán. Se podría decir que conforman el CODIR. Juan Rodríguez Mafra y Vasco Gallego eran dos pilotos analfabetos, se valoraban más los conocimientos de hombres curtidos en salitre que los másteres en escuelas de negocio y universidades de relumbrón. La experiencia siempre es una gran maestra, aunque cobre caro.

La figura del capitán no existe en barcos mercantes, es un cargo militar, pero esta armada sí que lo ostenta. Elcano embarcó como maestre de la Concepción. Contramaestre es el cargo máximo al que aspiraba llegar el marinero medio.

Pigafetta (cronista de la expedición) cobró la nada despreciable suma de 90.300 maravedíes (en sueldo y en quintalada). La "nómina" se le abona el 18 de noviembre de 1522, algo más de un mes después de su llegada.

La quintalada es un complemento salarial, un bonus. Los marineros cobran en espacio (para poder llevar carga personal), un quintal son cuarenta y seis kilos. Elcano cobró cien mil maravedíes y por sus quintaladas, cinco veces más que su salario propiamente dicho. Era una fortuna en la época.

Los pajes eran los becarios, el escalafón más bajo de este sistema de castas. Sevilla era "madre de huérfanos" como la describe Mateo Alemán. Es bastante significativa la descripción que nos regala ("Vida del pícaro Guzmán de Alfarache", Parte I Libro 1 Cap. II): "Sevilla era bien acomodada para cualquier granjería, y tanto se lleve a vender, como se compra, porque hay mercantes para todo. Es patria común, dehesa franca, nudo ciego, campo abierto, globo sin fin, madre de huérfanos y capa de pecadores, donde todo es necesidad y ninguno la tiene".

Muchos de esos raterillos eran carne de cañón para las cubiertas de los barcos, se enrolaban para aprender un oficio y tratar de escapar de la pobreza. Tenían la obligación de obedecer "en todo menos en lo imposible y en lo deshonesto". Sus funciones eran las más ingratas: tareas como el fregar las cubiertas (con agua que debían sacar del mar con cubos), servir las comidas y limpiar después… En general tenían menos pedigrí que un conejo de monte, pero no todos los pajes eran iguales. Había otro perfil que procedía de familias bien conectadas y trabajaban como aprendices para sus protectores, eran quienes mantenían los dieciséis grandes relojes de arena venecianos o ampolletas, que debían girar cada media hora. Aquella labor era crucial para orientarse y gestionar las guardias. Al caer la tarde y darle la vuelta a la ampolleta, se apagaba el fogón (por seguridad durante la noche) y el paje se dirigía a la tripulación:

> Bendita sea la hora
> en que Dios nació,
> Santa María que lo parió,
> San Juan que lo bautizó.
> La guardia es tomada,
> la ampolleta muele,
> buen viaje haremos,
> si Dios quiere.

Mientras los volvían, recitaban salmos o plegarias implorando la ayuda de Dios para tener un viaje seguro. Además, se encargaban de llamar al relevo de la guardia.

El siguiente escalafón, justo por encima de los pajes, lo ocupaban los grumetes. Oscilaban entre los diecisiete y veinte años. Hacían los trabajos más arriesgados y duros, pero absolutamente fundamentales: subían a las jarcias para plegar o desplegar velas, trepaban a las cofas del mástil, eran los remeros de las chalupas, achicaban agua de la sentina... Si cumplían bien con su cometido, se les expedía un certificado de marinero firmado por el capitán. Era la carta de recomendación que les permitía escalar en el organigrama.

Después estaban los marineros: sabían llevar el timón, ajustar cabos, medir la profundidad, guiarse por las estrellas. Les seguían en rango los especialistas como los artilleros (manejan cañones), los carpinteros, calafateadores, buceadores y toneleros.

El barbero del barco, otro especialista, tenía un nombre engañoso, pues afeitar era la última de sus responsabilidades. Era el dentista, doctor y cirujano. El de esta expedición se llamaba Hernando de Bustamante y navegaba a bordo de la Concepción. Va a tener el privilegio de pasar a la historia por ser el primero en realizar una autopsia en alta mar.

Curiosamente, nadie respondía al perfil de cocinero, se consideraba que era un trabajo demasiado bajo. Los tripulantes cocinaban por turnos o pagaban a los grumetes para que cocinaran para ellos.

En la lista de la tripulación también constan los santos protectores como uno más e incluso, estaban incluidos en los beneficios a repartir. Adelmo, el santo patrón de Burgos, San Antonio de Lisboa (tenía el poder de rescatar a los marineros que naufragaban y darles a los barcos vientos favorables), Santa Bárbara (venerada protectora contra los temporales y tormentas) y Nuestra Señora de Montserrat eran alguno de estos divinos pasajeros.

Siguiente escalafón: oficiales, despensero, contramaestre, segundo contramaestre y alguacil. El nivel superior de la oficialidad lo constituían el piloto (establece la ruta), el maestre (supervisaba el cargamento) y, por último, el capitán. Cada uno de estos tres oficiales tenía su propio paje (como capitán general, Magallanes tenía varios, entre los que estaba su hijo ilegítimo, como hemos visto).

No, no hay paridad. Las mujeres ni están ni se las espera a bordo, "mujer marinera" era (y es casi hoy en día) un oxímoron. El emperador mismo prohibía a sus capitanes que embarcaran mujeres en las naos "por ser causa de escándalo entre la gente" y estar consideradas como portadoras de mala suerte. Se creía que su menstruación, rica en hierro, podía interceder en el buen funcionamiento de la brújula. ¿Hubo mujeres en los barcos? La respuesta es sí. Lopes Carvalho embarcó a su harén (esclavas secuestradas en Brunéi). Ya intentó embarcar a su mujer indígena en la escala de Brasil, pero Magallanes solo consintió que lo hiciera su hijo, como comentamos anteriormente.

Sabemos —por la multitud de documentos que se conservan y lo concienzudos que eran registrando cada detalle— que Vasco Gallego y Juan Rodríguez Serrano pidieron aumento de sueldo, equiparado a los pilotos portugueses. De veinte mil a treinta mil maravedíes anuales, pero el rey advierte que si no están conformes se quedarán sin nada (A.G.I., Patronato,34,R.8, folio 1r, Instrucción de Carlos I a Fernando de Magallanes y a Ruy Faleiro, y Requerimiento de Magallanes a los oficiales de la Casa de la Contratación).

Juan Rodríguez Serrano era de Fregenal de la Sierra (hoy Extremadura, entonces perteneciente a Sevilla). El único de los capitanes que no era noble, pero era piloto de la Casa de Contratación.

Desde hace unos años se ha acuñado el término "salario emocional" para definir todas aquellas remuneraciones que no son monetarias o materiales (coche de empresa): cursos de formación, flexibilidad horaria, sesiones de *coaching*, mentorización, teletrabajo, conferencias motivacionales, actividades *outdoor*...

Las "exigencias" de las nuevas generaciones (con el inconformismo *millennial* como punta de lanza), las tendencias al "empleadocentrismo" y bienestar organizacional han traído como consecuencia todos estos complementos salariales con el fin de atraer y retener talento, minimizar la rotación, impulsar la motivación (y, por tanto, la productividad) y porque "es lo que toca" de cara a la RSC.

Empleados felices, empresas rentables.

CAPÍTULO 18

Proveedores. Recursos, planificación y puesta en marcha

> "Un emprendedor ve oportunidades
> allá donde otros solo ven problemas"
> Michael Gerber

Sevilla en aquel momento era la capital del mundo: del antiguo (Europa) y del nuevo (América). El puerto se situaba en el Arenal, una inmensa explanada de unos ochocientos metros de largo y trescientos cuarenta de ancho que se extendía entre las murallas y la orilla izquierda del Guadalquivir, entre la Torre del Oro y el Puente de Barcas. Era el enclave perfecto: una ciudad prometedora, muy protegida y con vientos a favor para cruzar al Nuevo Mundo.

En pleno florecimiento se estableció la Casa de la Contratación, único puente comercial entre Europa y América. Se decantaron por ubicarla en Sevilla —a pesar de estar lejos del mar— por la protección que les brindaba el río Guadalquivir: al obligar a subir desde Sanlúcar, podían reaccionar ante posibles ataques con solo cerrar compuertas, así controlaban mejor los barcos y sus cargamentos, evitando el contrabando. El Guadalquivir no era tan ancho ni tan fácilmente navegable como otros grandes ríos de Europa, se regía por el lento reflujo de la marea (seis horas de marcha y seis fondeados esperando con el ancla echada) o se obligaba a navegar remolcados por barcos a remo o bueyes.

Cuando Magallanes llegó al Puerto de Sevilla el 20 de octubre de 1517, no debió de sorprenderse demasiado de la magnitud ya que Lisboa no iba, ni mucho menos, a la zaga: ambos eran el punto de partida de los viajes de ultramar. Tras el descubrimiento de América el puerto creció a lo bruto y se universalizó, bullendo de frenética actividad. Allí se daban cita las esperanzas de muchas personas que buscaban cumplir su "sueño americano". Cada salida de las expediciones suponía todo un acontecimiento en la ciudad donde llegaban o partían dos expediciones cada año, de una media de tres embarcaciones cada flota, probablemente el mayor monopolio que ha existido jamás. La ciudad rebosaba de gente llegada desde cualquier punto del mundo: conviven judíos conversos, cristianos viejos, moriscos, esclavos, nobles, clérigos y plebeyos. El oro y la plata circula con fluidez, pero donde hay luces hay sombras. El puerto se llena de pícaros, huérfanos, rateros y rameras. Algunos lograron escapar de su destino enrolándose en aquellos barcos.

Con total seguridad, cuando Magallanes ve su flota, lejos del orgullo y la emoción que se presuponía del momento, probablemente se sintió bastante decepcionado: ninguna de las cinco naves era lo suficientemente marinera. Son barcos muy vividos, cansados y remendados que hay que calafatear y poner a punto. Estaban completamente negros debido a la brea que impregnaba su casco. Eran cuatro naos —una evolución de la carraca cántabra— y una carabela, la Santiago, destinada exclusivamente a misiones de reconocimiento al ser la más pequeña y maniobrable. Los trabajos de reparación se llevan a cabo en las Atarazanas o antiguos astilleros de Sevilla.

La carabela no tenía más que un castillo y por lo general poco elevado. La nao se distinguía por tener un elevado francobordo (altura) y dos castillos (en proa y popa) con los camarotes de la tripulación más sobresaliente, consta de tres mástiles dotados de velas cuadradas (más que una carabela) ya que con mayor superficie de trapo se compensa la pesadez de la nave.

De la nave que estaba más orgulloso Magallanes era de la Trinidad, adquirida en la capital vizcaína de Lequeitio. Por su porte, estaba destinada a ser la capitana (aunque había otra nao de mayor tonelaje, la San Antonio con ciento veinte toneles), que desplazaba ciento diez toneles, es decir, 144 toneladas (cabe señalar que los vascos medían la capacidad en toneles y los andaluces en toneladas) y fue botada como Santa Catalina de Siena, aunque Magallanes (ignorando la leyenda de que cambiar el nombre de un barco trae mala suerte) la renombró Santísima Trinidad. La tercera nao en tamaño era la Concepción con noventa toneladas, luego venía la Victoria con ochenta y cinco y finalmente la Santiago, de setenta y cinco toneladas.

Las labores de abastecimiento y preparativos se dilatan diecisiete meses. A bordo se almacenan provisiones para dos años, tiempo más que razonable para poder llevar a buen puerto la misión. En las bodegas, mucha salazón, lo que mejor se conservaba, pero da más sed y, sobre todo, mucho vino… ¡el combustible de los marineros! Desafortunadamente, el agua se pudrió casi al tiempo que se acababa el vino. Entonces empezaron realmente los problemas.

El abastecimiento tuvo lugar en el Puerto de las Mulas (o las Muelas) el único donde estaba permitido embarcar vino, parte esencial de la dieta junto a la galleta de mar o bizcocho —una especie de torta de harina de trigo doblemente cocida y sin levadura (parecido a las regañás)— al que también llamaban pan de los marineros. Inevitablemente se estropeaba debido a la humedad del mar y cuando se ponía correosa la llamaban mazamorra, que los marineros hervían y, a la masa resultante, la llamaban calandra.

En total quinientas toneladas de provisiones: 21.380 libras de galleta de barco, 5.700 libras de carne de tocino, doscientos barriles de sardinas, 984 quesos, cuatrocientas ristras de ajos y cebollas, 1.512 libras de miel, 3.200 libras de uva de Málaga, pasas y almendras y 417 odres y 253 toneles de jerez.

También cargaron velas para iluminarse, repuestos y herramientas para el barco, y una colección enorme de quincalla y objetos para hacer trueque con los indígenas, como espejos, tijeras, cuchillos, pañuelos, gorros, cascabeles, anillos de latón y gemas falsas… También cuchillos alemanes "de los peores" (tal y como queda concienzudamente registrado en los libros de cuentas), brazaletes y abalorios. Los únicos objetos que consta se cargaron para entretenimiento de gente fueron tambores y algún libro de caballerías con los que sacudirse la monotonía a bordo. Y cómo no, cañones, lanzas, ballestas, pólvora, escudos, escopetas y armaduras, porque, aunque la misión era pacífica, nunca se sabe…

Por mucho que un emprendedor planifique y trate de situarse en todos los escenarios posibles, se va a tener que enfrentar a muchos contratiempos, y su capacidad de adaptación —y de reacción— serán claves. Incluso el mercado, los clientes y las circunstancias le irán dando pistas sobre por dónde ha de ir, renunciando muchas veces a la idea original.

CAPÍTULO 19

Importancia de las RRSS, Pigafetta el *community manager*

"Si nunca se habla de una cosa, es como si no hubiese ocurrido"
Oscar Wilde

Antonio de Pigafetta era el *influencer*, el *community manager* responsable de la redacción de contenidos y del *storytelling* que diríamos hoy y, sin duda, un hábil gestor de su marca personal que tiende a gustarse en exceso; hubiera sido un experto en el manejo del quinto poder en la actualidad. Era un hidalgo italiano que provenía de una familia adinerada de Vicenza y poseía unas impecables credenciales que le avalaban: el papa León X personalmente le recomendó. Se unió a la tripulación —en el último momento— en calidad de sobresaliente (también llamado supernumerario) pero su función iba a ser la de cronista oficial a través de su "blog", con un gran ojo para captar todo lo instagrameable y un estilo muy determinado por sus filias y sus fobias.

¿Qué hace un tipo como él en una empresa como esta? Era un pijo con sed de aventuras que se embarca con la intención de viajar como un erasmus inconsciente y despreocupado. Su relato nos regala momentos muy televisivos y rebosa de minuciosos apuntes botánicos, lingüísticos y antropológicos: "Determiné de cerciorarme por mis propios ojos de la verdad de todo lo que se contaba, a fin de poder hacer a los demás la relación de mi viaje, tanto para entretenerlos como para serles útil y crearme, a la vez, un nombre que llegase a la posteridad". ¡Y vaya si pasó a la posteridad! En su discurso de agradecimiento durante la ceremonia del Nobel en 1982, García Márquez recordó "lo real maravilloso" de los relatos de Pigafetta, "una crónica rigurosa que parece una aventura de la imaginación". ¡Sonríe, Pigafetta! Instagram te ama.

Siguiendo las órdenes recibidas desde la Casa de la Contratación, va engrosando su crónica científica describiendo las curiosidades que descubre durante la navegación. Muestra una curiosidad y unas ganas de aprender desbordantes, se revela como todo un polímata. Gracias a él quedan clasificadas nuevas especies de animales y plantas: extrañas aves sin cola, otras sin patas, peces con grandes hileras de dientes, aves que se alimentan de excrementos, peces que vuelan, etc. Describirá con todo detalle —y mucha imaginación— pingüinos, leones marinos, guanacos, ave del paraíso, apio, clavo, canela, nuez moscada, jengibre... Todo quedó plasmado en su diario que después dio lugar al libro: "Primo Viaggio Intorno al Globo Terracqueo" (1524).

Algún ejemplo de su pluma: "Lo que hallé más extraño fueron unos árboles cuyas hojas, al caer, se animaban. Son semejantes a las de la morera, o más largas, con peciolo corto y puntiagudo, y cerca del peciolo, a ambos lados, tienen dos pies. Si alguien tropieza, se escapan; pero al partirlas no sale sangre. Guardé una durante nueve días en una caja, y cuando la abría se paseaba alrededor, creo que viven del aire". Pigafetta y su fascinante encuentro con el insecto palo o bicho hoja en la isla de Cimbonbon.

Su crónica, es un creativo y colorista diario muy subjetivo y tendencioso. Pigafetta es un narrador ingenuo y poco fiable, muy pro-Magallanes en esa "Relación del primer viaje alrededor del mundo". Sin duda, tiene el deshonroso mérito de haber provocado el injusto ninguneo en la Historia a Elcano. Pigafetta muestra enseguida un fervor encendido hacia la figura de su idealizado "Ferando de Magaglianes" (como le llama). Hasta tal punto es "magallanista" que en ningún momento siente los colores de otro equipo. Resulta inaudito y tremendamente injusto que no nombrase ni una sola vez a Elcano en su diario.

No fue el único tripulante que llevó un diario de la expedición, pero sí el que más "rollo" le dio. Hay que reconocer que sus relatos resultan de lo más amenos frente a las crónicas de Francisco Albo, el piloto de la Trinidad, que mantuvo un cuaderno de bitácora (se conserva en el Archivo General de Indias, denominado "Derrotero del viaje al Maluco", en él se consignan las lecturas de las agujas y las observaciones celestes desde el día 29 de noviembre de 1519 hasta el 4 de septiembre de 1522) y alguno de los supervivientes que también hicieron declaraciones o escribieron sus propios relatos. Afortunadamente disponemos de numerosos testimonios de primera mano acerca del viaje. Lamentablemente, el diario de Magallanes se perdió al caer la Trinidad en manos portuguesas.

Como reza el dicho "ningún mar en calma hizo experto al marinero"…, pero la experiencia que vivió nuestro *influencer* fue extrema. Su ansia por vivir intensamente y la curiosidad se tornaron en un lapidario: "Pienso que nadie en el porvenir se aventurará a emprender un viaje parecido". Estuvo a punto de perder la vida tres veces, la primera, en un accidente a bordo. Iba a pescar y cayó al mar, aunque se pudo agarrar providencialmente a un cabo, estuvo un buen rato gritando y siendo arrastrado por el agua. La segunda, durante el combate de Mactán —por extraño que parezca, Pigafetta luchó en él— resultó herido por un flechazo emponzoñado en la cara. Esto le salvó la vida al estar convaleciente y no asistir al convite-emboscada de Cebú en el que mataron a veintisiete compañeros.

"Espero que la gloria de Magallanes sobreviva a su muerte. Adornado de todas las virtudes, mostró inquebrantable constancia en medio de las mayores adversidades". El deseo de Pigafetta se vio satisfecho, pero tenemos una deuda pendiente con Elcano para ascenderle al lugar que se merece.

Resulta triste pensar en todas las penalidades que pasaron juntos Pigafetta y Elcano, pero lejos de unirlos en la lucha por la supervivencia, el heroico viaje de vuelta los separó para siempre. Cuando el rey le pide a Elcano que le cuente la hazaña en persona y que le acompañen dos miembros de la expedición, no le convoca para la audiencia. El enfado de Pigafetta al verse desplazado debió de ser monumental. Estaba muy pagado de sí mismo, como revela el hecho de que en los meses siguientes recorriera diversas cortes europeas en una campaña de autobombo.

Fue a Valladolid a entregar a Carlos I una copia de su crónica. Allí vivió momentos de tensión con Elcano, contra el que lanzó algunas acusaciones. Abandonó España diciendo "fuíme de allí lo mejor que pude". Pasó a Lisboa para explicar al monarca portugués "cuanto viera" a lo largo del viaje, aunque no tenemos constancia de que le entregara una copia de su *Relación*. Regresó a España para dirigirse a Francia, donde se entrevistó con la madre de Francisco I. Nos dice que hizo donación "de algunas cosas del otro hemisferio a la madre del cristianísimo rey don Francisco I, madama la regente" (sic). En los años siguientes (1523 y 1524), ya en Italia, visitó Mantua, Venecia y al maestre de la Orden de Rodas. Una gira de propaganda que lo convertirá en el referente informativo sobre una expedición de la que se ignora el papel que desempeñó realmente más allá de sus entradas a su "blog" con crónicas parciales.

Hay que reconocerle ese mérito: supo captar la atención de los focos, aunque con ello dejara a oscuras al resto.

La importancia de las redes sociales (bien gestionadas) es crucial para potenciar la imagen, la reputación, la visibilidad y la presencia de una empresa. Pero hay que saber seleccionar y tener muy presente tu personalidad. ¿Que está de moda TikTok? Allí de cabeza... a hacer bailecitos absurdos cuando hasta dos semanas antes erais de los de corbata y chaqueta en la oficina. O Facebook, que en general no deja de ser una reunión de amigos... ¿Quieres seguidores o clientes? Afina tu estrategia y sé consecuente con ella.

Y por supuesto "ojocuidaó" con el volátil mundo *influencers*. En teoría, se trata de personas influyentes —profesionales en molar mucho— que pueden multiplicar exponencialmente la venta de tus productos. EN TEORÍA. En la práctica ¡hay demasiados *influencers* para tan poco influido!

Píldora de José Noblejas.
Ver vídeo con contenido adicional:
https://youtu.be/cMQrK-KBEmM

PARTE SEGUNDA: LA TRAVESÍA

"Uno tiene que luchar personalmente por cumplir sus sueños. Nadie va a hacerlo por ti"

Quico Taronjí

Ver vídeo con contenido adicional:
https://youtu.be/DJSEP_EgQys

CAPÍTULO 20

Empieza el viaje. Cuaderno de bitácora

"Las dificultades preparan a personas comunes para destinos extraordinarios"
C. S. Lewis

1519
Sevilla a Sanlúcar, Pago de Barrameda, 10 de agosto.
Parten 247 hombres de Sanlúcar el 20 de septiembre.
Llegan a Tenerife, 26 de septiembre.
Salen de Tenerife, 3 de octubre.
Arriban a Río de Janeiro, 13 de diciembre.
Parten de Río de Janeiro, 26 de diciembre.

1520
Llegan a Río de la Plata, 10 de enero.
Salen de Río de la Plata, 2 de febrero.
Invernada en la Bahía de San Julián, 31 de marzo.
Juicio contra los rebeldes, ejecución de Quesada, 7 de abril.
Pérdida de la Santiago, 22 de mayo.
Levan anclas de la Bahía de San Julián, 24 de agosto.
Arriban a río Santa Cruz, 18 de octubre.
Cabo de las Vírgenes, la entrada al estrecho, 21 de octubre.
Estrecho de Magallanes, 25 de octubre.
Pierden la segunda nave, deserción de la San Antonio, noviembre.
Salida al océano Pacífico, 28 de noviembre.

1521
Isla de San Pablo, 24 de enero.
Isla de los Tiburones, 4 de febrero.
Islas de los Ladrones, 6 de marzo.
Filipinas, 26 de marzo.
Isla Massawa, 28 de marzo.
Cebú, 7 de abril.
Muerte de Magallanes en Mactán, 27 de abril.
Pérdida de la tercera nave, queman la Concepción, mayo.
Llegada de la San Antonio a Sevilla, 6 de mayo.
Llegada de la Victoria y la Trinidad a las Molucas (Tidore), 8 de noviembre.
Intento de salida, la Trinidad hace aguas, 18 de diciembre.
La Victoria inicia el tornaviaje, 21 de diciembre.

1522
Abandonan Ombay, 25 de enero.
Salen de Timor, 13 de febrero.
Doblan el cabo de la Buena Esperanza, 18 de mayo.
Llegan a Cabo Verde, 9 de julio.
La Victoria arriba a Sanlúcar, 6 de septiembre. 18 supervivientes de la flota original.

1. Primera escala: Sevilla - Sanlúcar de Barrameda
Salida el 10 de agosto de 1519 - Llegada escalonada de las embarcaciones

Las cinco naves: la Trinidad, la San Antonio, la Concepción, la Victoria y la Santiago van saliendo del muelle de las Muelas de Sevilla por separado —incluso con días de diferencia mientras se terminan de pertrechar— para reunirse en Sanlúcar, Pago de Barrameda. Allí permanecen hasta el 20 de septiembre. Es muy posible que este retraso se deba a que faltaba por embarcar Juan de Cartagena, veedor o supervisor del rey.

Poco antes de la partida, la tripulación asiste a una misa en Santa María de la Victoria, situada en la población marinera de Triana.

Durante el emotivo oficio religioso, el representante del rey (Sancho Martínez de Leiva) entregó a Magallanes la bandera real quien, arrodillado ante la Virgen, juró lealtad al pabellón castellano y se encomendó a ella.

Un barco amarrado no navega. Llega el momento de pasar a la acción. El 20 de septiembre de 1519, por fin, zarpaban rumbo a lo que iba a ser el viaje más épico de todos los tiempos. Aprovechando que se ha levantado un viento favorable, Magallanes manda levar anclas: cuarenta días después de haber salido de Sevilla y tras casi un mes en Sanlúcar de Barrameda. Ha transcurrido un año y cinco meses desde que Carlos I de España firmara las capitulaciones autorizando la expedición.

Jamás sabremos qué sentirían aquellos hombres que veían alejarse la costa gaditana sin intuir las mil aventuras —y desventuras— que iban a vivir. Solo dieciocho de ellos volverían a verla, tras completar la vuelta al mundo, en el único barco que regresó.

> Uno no se labra una reputación por lo que tiene pensado hacer o dice que va a hacer (¡a buen emprendedor pocas palabras bastan!). La planificación es importante, pero hay que ser ágiles y no quemar recursos en periodos improductivos. Acciones, hechos..., eso es lo relevante tanto en la vida como en los negocios. Y sí, subirse a una de aquellas naves era un acto de fe... al igual que lanzarse a emprender. ¡Adrenalina e incertidumbre en vena!

CAPÍTULO 21

Organización. El barco como lugar de trabajo: la vida (y la muerte) a bordo

> "La fábrica del futuro tendrá dos empleados: un hombre y un perro. La tarea del hombre será alimentar al perro. La tarea del perro será asegurar que el hombre no toque nada del equipamiento automático"
> Warren Bennis

La primera indicación de Magallanes ya fue toda una declaración de intenciones. La Trinidad, la nao capitana, iría en cabeza. La flota debía navegar en conserva con su fanal (farol) en popa encendido como guía para que el resto siguiera su derrota.

Se decía que "los barcos de su majestad se olían antes de ser avistados" por la falta de higiene y hacinamiento. Imaginad a sesenta personas conviviendo en un piso de escasos noventa metros cuadrados, trabajando, durmiendo, comiendo y haciendo sus necesidades... a la intemperie, a pleno sol abrasador o expuestos a las tormentas y al frío...

La convivencia no debía ser nada fácil a bordo, cada hombre tenía asignados unos dos metros cuadrados. Se vivía según una rígida estructura social donde dependían los unos de los otros para sobrevivir. Solo el capitán gozaba de algún tipo de comodidad a bordo, disponía de su propio camarote en el castillo del barco, el resto se acomodaba como podía en cubierta. Muchos organizaban campamentos improvisados (de ahí la expresión de "zafarrancho de combate" cuando han de dejar libres los ranchos para poder maniobrar con los cañones).

La intimidad no existía a bordo. Defecar era una de las tareas más arriesgadas, exigía un complicado número de equilibrismo, dado que el marinero debía encaramarse sobre la baranda de la borda y se sentaba sobre un asiento suspendido sobre las olas. Había dos (en proa y popa) conocidos como "jardines". Se limpiaban con una cuerda cubierta de brea. Aunque siempre estaba la opción de hacerlo en un balde y, para hacer pis, siempre a sotavento para evitar la lluvia dorada.

Los marineros estaban sometidos a una estrecha vigilancia, turnos exigentes..., resultado de la férrea disciplina militar de Magallanes. El sistema de guardias se organizaba de la siguiente manera: el primer turno, hasta el anochecer, estará a cargo del capitán; el segundo, llamado medora, hasta la medianoche bajo las órdenes del piloto; el tercero por el sobresaliente hasta la madrugada.

La disciplina a bordo era fundamental, el buen gobierno de la flota exigía la sincronización de toda la marinería. En esa cadena de mandos, el capitán era quien decidía los rumbos y maniobras, los marineros y oficiales debían estar en su puesto para ejecutar su cometido eficientemente. El trabajo en equipo era fundamental.

Durante los pocos momentos de esparcimiento y descanso "afterwork", se procedía a la lectura colectiva para sacudirse la monotonía a bordo: sabemos que llevaban un ejemplar de "Orlando furioso" (la sensación literaria del momento) y "bestsellers" de caballerías con épicos enfrentamientos entre moros y cristianos, amoríos trágicos y sufridos que protagonizan los héroes... También lecturas evocadoras como "Los viajes de Marco Polo" o "Los viajes de sir John Mandeville", inspiradoras —y aspiracionales— historias que conseguían mantener el ánimo. Podrían equipararse a las beneficiosas conferencias motivacionales de la actualidad. Aunque estaba prohibido jugar a la baraja a bordo, sabemos que llevaban naipes. Pigafetta nos confirma que llegan a cambiar un rey de oros por seis gallinas a los indígenas.

Dentro de las naves se rigen por un código ético y de comportamiento. Estaba penalizado blasfemar, también estaba prohibido fumar de noche por peligro de incendio —de día estaba permitido solo junto al palo mayor y al lado de una tina con agua—. Fue Rodrigo de

Jerez (acompañó a Colón en sus viajes) quien puso de moda fumar, mascar y esnifar, en Cádiz. Durante un tiempo estuvo penado con la cárcel por el mismísimo Tribunal de la Santa Inquisición: solo el diablo daba poder a un hombre para exhalar humo.

La homosexualidad era un tema recurrente a bordo y, aunque la sodomía estaba penada con la muerte, se solía mirar hacia otro lado. Salvo en la flota de Magallanes: el primer ajusticiado va a ser un sodomita.

> Pasamos tanto tiempo en nuestro puesto de trabajo que intentar estar lo más a gusto posible es una necesidad básica. Modular el tono de voz, el orden, la lucha por el aire acondicionado, la puntualidad, evitar reuniones improductivas, no copiar a media oficina en tus *emails*, no criticar, responder al teléfono de tu compañero de departamento cuando este no está, respetar las agendas y los horarios de los demás (permitiendo la conciliación), pedir las cosas con tiempo razonable..., pero, sobre todo, hay algo mágico y que nunca falla: agradecer.
>
> Damos por hecho que la gente tiene que hacer su trabajo y se nos olvida felicitar y dar las gracias. Es un refuerzo positivo innegable, no cuesta nada y es esencial para el buen clima laboral, que tantas ventajas aporta.

CAPÍTULO 22

Los llorones y chismosos de la máquina de café

"Trate primero de entender, luego, de ser entendido"
Stephen Covey

2. Sanlúcar de Barrameda - Tenerife
Salida el 20 de septiembre de 1519 - Llegada el 26 de septiembre de 1519
Travesía de seis días

Alcanzan Tenerife en seis días, allí permanecen tres días y medio para cargar pez —necesaria para calafatear las naves— y algunos víveres frescos. Alejados de la vigilancia de la Casa de la Contratación, la dotación aumenta. Cuatro hombres deciden embarcarse oficialmente en aquella aventura: los canarios Hernán López, Blas Alonso, Andrés Blanco y Maestre Pedro. Solo uno de ellos, Maestre Pedro (que fue apresado en Cabo Verde) sobrevivió a la hazaña. También se registra un desembarco. Bien es sabido que Canarias fue un coladero de portugueses y alguno más se enroló.

Durante esta parada técnica, le alcanza a Magallanes una misiva de su suegro, Diego Barbosa, que le previene de una sublevación de los capitanes españoles a la mínima oportunidad, además le avisa que una flota portuguesa va al acecho para neutralizarles. Al salir de Canarias, en la medianoche del 3 de octubre, Magallanes cambió el rumbo hacia el sudoeste bordeando la costa africana para despistar a la flota enemiga… y a su propia tripulación.

Magallanes no da explicaciones, no escucha, no comparte y, obviamente, levanta sospechas de ir a entregar la flota al enemigo cuando, en realidad, estaba haciendo todo lo contrario. Aún estaban en aguas españolas pero la falta de comunicación, de confianza, el mal uso del poder y la ausencia de cohesión pueden hacer naufragar la empresa.

Recelo, envidias e intrigas a bordo van cociendo a fuego lento una campaña de intoxicación masiva contra el portugués. Empezaba a asomarse el fantasma de la insubordinación. Poco después el hambre, el desconcierto, el temor y el agotamiento prenderán finalmente la mecha del conflicto.

Entonces, ahora y siempre, el trabajo en equipo, el compromiso y el buen clima laboral determinan el éxito.

> Decía Stephen Covey que la fortaleza está en nuestras diferencias, no en nuestras similitudes. Todos tenemos una historia detrás, cada uno lleva su propia mochila a cuestas... Trata de comprender antes de ser comprendido y, sobre todo, reflexiona sobre qué tienes tú de todo eso que críticas en otros. Solemos poner el foco en aquello que nos molesta, en lugar de tratar de ver lo positivo que tienen nuestros compañeros.
>
> Respeto y empatía son claves para el buen funcionamiento de un equipo.

CAPÍTULO 23

Resolución de conflictos: intrigas en los pasillos y personas tóxicas

"El conflicto es inevitable, pero la lucha es opcional"
Max Lucado

Empezó el salseo y la lucha psicológica, Juan de Cartagena (que encarna la xenofobia más vergonzosa) no tarda en enfrentarse a Magallanes y exigirle explicaciones. El barco se va escorando… Ante la negativa de Magallanes a justificar su decisión de cambiar el rumbo, Juan de Cartagena convoca en su camarote de la San Antonio a Luis de Mendoza y Gaspar de Quesada. El veedor real quiere cambiar impresiones con los otros capitanes españoles. Estaban en África, territorio de Portugal, y no camino de América. Cartagena sospecha que pueda estar traicionándolos al llevarlos hacia dominios lusos… o, quizás, ya venía con las indicaciones pertinentes desde tierra para hacer fracasar la gestión del portugués.

Fue entonces cuando las cosas parecieron llegar al límite. Dada la situación, algo tenía que pasar… y pasó. Al caer la noche los comandantes se debían acercar al barco guía, la capitana Trinidad, y dirigirse al almirante con la siguiente frase: "¡Dios vos salve, señor comandante, capitán general, y señor maestro y buena compaña". Juan de Cartagena se rebela y delega en un marinero el "salve" adaptándolo intencionadamente: "Dios vos salve, señor capitán y maestre y buena compaña". Fue la primera provocación. El desplante, obviamente, incomodó a Magallanes y mandó decir a Juan que le saludase personalmente y llamándole "capitán general". Cartagena responde que le había saludado con su mejor marinero, y que quizá otro día le saludaría un paje. A los tres días, el macho alfa mantiene el pulso: no acude a salvar.

Magallanes debía neutralizarle cuanto antes: es privado de su capitanía y veeduría y confinado en la San Antonio bajo la custodia de su nuevo capitán, el contador Antonio de Coca. En realidad, había ordenado ante el desacato un humillante cepo en la picota, pero Mendoza pide clemencia al ser un castigo para marineros y delitos menores. Se excedió, fue implacable pretendiendo evitar un motín… y, paradójicamente, lo acabó desencadenando.

Estamos en octubre, casi empezando el viaje, Juan de Cartagena (el representante del rey) ya está con grilletes y todos estupefactos. Desde luego no se había quedado un ambiente como para tirar confeti.

Buen momento para recordar las palabras de Winston Churchill: "Si estamos juntos no hay nada imposible. Si estamos divididos todo fallará".

> Cuando se instaura la cultura del miedo en una empresa, se impone la reactividad en lugar de la proactividad. Se sanciona, degrada o priva de ascensos y bonus. Se activa el modo supervivencia y se bloquean la creatividad, la iniciativa, la colaboración, la comunicación…, no se aportan ideas por temor a equivocarse, cae la productividad y aumenta la rotación.
>
> Cuando hay equivocaciones, se ocultarán los errores o se tratará de echarle la culpa a otro.
>
> Y por supuesto, aparecen el distrés (o estrés tóxico) y la ansiedad.

CAPÍTULO 24

El antilíder

"Aquel que quiera dirigir una orquesta,
deberá dar la espalda a la multitud"
Max Lucado

Magallanes tendría que haber dado unas sesiones de *coaching* sobre liderazgo carismático. Su estilo se puede resumir en que "ordenaba mucho y explicaba poco". Posee una mentalidad estratégica y una determinación admirables, pero adolece de una incapacidad de comunicación flagrante, una inteligencia emocional nula y tampoco maneja la diplomacia. Analizando sus competencias y habilidades interpersonales, vemos que no es un líder: ni inspira ni motiva. Su falta de empatía se va a traducir en una sensación de incomprensión que generará malestar y ruptura con su gente.

El autoritarismo de Magallanes queda patente desde el principio. Sabe que tiene un equipo que no confía en él, pero lejos de un acercamiento, su barco siempre va en cabeza. No informa, no admite consejos, no consiente que le pidan explicaciones. Él reacciona llevando su autocracia al extremo, provocando la frustración y el resentimiento de los capitanes, haciendo que se sintieran ninguneados e impotentes. Es el típico CEO que trabaja recluido en un despacho, a puerta cerrada, en la última planta.

Magallanes, como hemos visto, alertado por la carta de su suegro, decide no poner rumbo a América una vez sale de las Canarias —tal como hacían todos los navíos españoles aprovechando los alisios— sino que vira al suroeste rumbo a la ruta portuguesa. Seguramente así despistó a la flota lusa que los estaba esperando para abortar su misión, fue una jugada inteligente, pero toma la decisión unilateralmente, sin hacer "team management" con su equipo directivo que diríamos hoy, es decir, junta de capitanes y pilotos. Esto no solo desconcierta a los españoles, sino que genera ya desde bien temprano una gran desconfianza hacia él. Una comunicación abierta y compartiendo la información hubiera logrado el acuerdo general, pero Magallanes se limitó a ordenar el nuevo derrotero sin más explicación. Estamos en el siglo XVI y este estilo "antilíder" era habitual, pero recordemos que hoy en día aún no se han extinguido del todo los *empresaurios*.

Este estilo de *management* se conoce hoy como *commanding* o "al mando": destaca por exigir el cumplimiento de las tareas de inmediato, es un "haz lo que te digo" y punto. En contraste, tenemos el estilo de Elcano, "visionario", un liderazgo emocionalmente inteligente y carismático. Sirve para movilizar a las personas hacia una determinada visión, es un "sígueme" en toda regla. Los líderes así se decantan por convencer, persuadir y argumentar en lugar de imponer. ¿Su éxito? Empoderar y crear otros líderes.

Como nos explica el referente mundial Daniel Goleman en "El líder resonante crea más", la tarea fundamental del líder es despertar los sentimientos positivos de sus subordinados y ello ocurre cuando un líder produce resonancia, es decir, el clima emocional positivo indispensable para movilizar lo mejor del ser humano.

Elcano se mostrará como un líder mucho más carismático, cercano, empático y comunicativo. En la expedición hubo dos votaciones relevantes y en ambas está implicado:

- Para cesar al infame López Carvallo y elegir nuevos capitanes a Juan Sebastián Elcano y a Gonzalo Gómez de Espinosa. En la flota de las Molucas quedó demostrado que no todos los *managers* son líderes, como fue el caso del vergonzoso periodo bajo las órdenes de Juan López Carvallo, una vez muerto Magallanes y sus sucesores.
- Para decidir durante el tornaviaje si atracaban en Cabo Verde y arriesgarse a pedir víveres en las islas portuguesas (ocultando quiénes eran) o continuar viaje hasta España.

A sus competencias de antilíder se suma la nacionalidad de Magallanes, que provoca animadversión entre la tripulación y fue la clave para su rechazo. ¿Qué hubiera pasado si Elcano fuese portugués? Seguramente nada. Cuando llega a la dirección, habían padecido tanto que ya no tenían etiquetas: eran solo un grupo penando que luchaba por sobrevivir y que se necesitaban —más que nunca— los unos a los otros para hacerlo. No había cabida para resentimientos patrios.

A menudo asociamos jefe con malo y líder con bueno. Nos encanta etiquetarlo todo en la dualidad, como sostiene Jordi Alemany en "Liderazgo imperfecto". No debemos demonizar la figura del jefe, muchos hacen su cometido y son perfectamente válidos, aunque no desprendan ese aura magnética e icónica de liderazgo que nos venden —hasta la extenuación— en el *management* moderno.

> La realidad actual es que en las organizaciones modernas se trabaja con estructuras cada vez más planas, se comparte mucha más información, y prima el trabajo por proyectos por encima del presencialismo y "calentar la silla".

Píldora de Íñigo Sáenz de Urturi.
Ver vídeo con contenido adicional:
https://youtu.be/pvxUhIY9L-E

CAPÍTULO 25

Experiencia del empleado: *team building* y motivación del equipo

"La vida es como un viaje por mar: hay días de calma y días de tormenta. Lo importante es ser un buen capitán de nuestro barco"
Jacinto Benavente

3. Tenerife - Bahía de Sepetiva (entre Río de Janeiro y Sao Paulo) Salida el 30 de septiembre de 1519 - Llegada el 13 de diciembre de 1519. Travesía de setenta y cinco días

Después de avistar Sierra Leona, a la altura de Guinea, Magallanes pone (¡por fin!) rumbo oeste hacia América. ¡Qué diferente hubiera sido el ambiente a bordo con una comunicación óptima!

Afortunadamente no han sido interceptados por ninguna flota portuguesa.

Se alternan días de calma chicha con terribles temporales que obligan a navegar con los mástiles desnudos a merced del viento. Son momentos muy duros (recordemos que la mayoría hacen noche en cubierta), el mar ruge embravecido y las tormentas eléctricas producen el fenómeno conocido como "Fuego de San Telmo". Los marineros necesitan aferrarse a la fe y ven una señal divina: "Durante las horas de borrasca, vimos a menudo el Cuerpo Santo, es decir, San Telmo. En una noche muy oscura, se nos apareció como una bella antorcha en la punta del palo mayor, donde se detuvo durante dos horas, lo que nos servía de gran consuelo en medio de la tempestad", relata Pigafetta.

Tras las tormentas y galernas siguieron varios días con grandes encalmadas que condenaron a los navíos a dos semanas al pairo —con las velas gualdrapeando sin apenas avanzar— y hay que empezar a racionar los víveres, iba a ser una larga travesía y no podían despilfarrar. Otra decisión impopular.

Al llegar al Nuevo Mundo, deciden continuar el viaje sin tomar tierra hasta doblar Cabo Frío. Magallanes habría avanzado hacia el oeste para sobrepasar el meridiano de demarcación portugués respetando el Tratado de Tordesillas. Fondean cerca de la bahía de Santa Lucía en Río de Enero, o Janeiro en portugués, donde permanecen catorce días aprovisionándose y "confraternizando" con las indígenas. Los últimos estudios del derrotero apuntan a que se trataba de la bahía de Sepetiba.

Están agotados por la intensidad y exigencia del viaje (se cumplían dos meses desde la salida de Canarias, doblando ya el tiempo que invirtió Colón en su travesía). Se habían vivido momentos muy duros, de sacrificio y compromiso, los marineros necesitan volver a conectar con el proyecto, fomentar el *engagement* y el orgullo de pertenencia. Desembarcar cuatro semanas es un dulce paréntesis muy necesario, quizás pueda resultar excesivo el tiempo que están aquí, pero sin duda, es indispensable para optimizar sus resultados "haciendo equipo". Aquel fue el escenario de sus días más felices: más que *team building*, aquello parecería una despedida de solteros en Magaluz.

Si analizamos el tejido empresarial actual, comprobamos que la mayoría de las pequeñas y medianas empresas están escasamente profesionalizadas y dirigidas con modelos propios de la era industrial. En un mercado donde el talento y la profesionalización escasean, los perfiles más demandados son cada vez más exigentes con las condiciones laborales extrasalariales (conciliación, teletrabajo, RSC, planes de formación). Las empresas van a tener que tomarse muy en serio esa "employee experience" e incorporarla a sus estrategias si quieren atraer o retener el mejor talento posible.

En Brasil se van a reponer de la travesía. Allí descubren sabores nuevos como la piña (sin saberlo, Pigafetta le dio nombre al compararlo con el fruto de la conífera), la patata, el maíz y la caña de azúcar. Además, van a conocer los loros, el palo rosa y la jacaranda.

Hay un capítulo entrañable en este puerto que se recoge en la "Crónica de Oliveira" o "Manuscrito de Leiden". El piloto Juan Lopes Carvalho se encuentra con su hijito mestizo, fruto de una relación mantenida en un viaje anterior —con la compañía maderera— hacía siete años. Le llamó Joãozito. Gracias a las políticas de conciliación familiar de Magallanes, acaba por embarcarse con su padre, enrolado como criado. También quiso llevarse a su amante, pero Magallanes no lo consintió... Joãozito tendrá el privilegio de ser el primer brasileño en ver Asia.

El manido término de *work-life balance* ya está muy desfasado. Las personas no quieren salir antes del trabajo para vivir..., ¡buscan sentirse vivos en el trabajo!

Magallanes aprovechó para hacer algunos cambios en los mandos: tras la destitución de Cartagena, nombra a Álvaro Mesquita (inexperto en materias náuticas, pero primo carnal suyo) capitán de la San Antonio, con lo que regresa a su cargo de contador Antonio de Coca, contraviniendo las órdenes de la Junta de Indias al poner como capitán a un portugués.

Juan López de Carvalho, no solo pasó de soltero empedernido a padre del año, también fue nombrado piloto de la Trinidad (hasta entonces lo era de la Concepción).

Soñando con encontrar nuevos paraísos, zarparon el 27 de diciembre (verano en Brasil) en busca del paso al otro lado del mundo.

4. Bahía de Sepetiba - Río de la Plata
Salida el 27 de diciembre de 1519 - Llegada el 11 de enero de 1520
Travesía de quince días

Continúan costeando hacia el sur, rumbo al estuario del Río de la Plata. Era el último reducto conocido en Sudamérica —y tristemente célebre— donde Juan Díaz de Solís (expedicionario sucesor de Américo Vespucio como piloto mayor de la Casa de Contratación) había servido de almuerzo para los indígenas tres años antes. Solís tenía la misión también de encontrar el paso interoceánico.

No está del todo claro qué sucedió para que los expedicionarios españoles formaran parte de la gastronomía local. Sabemos que los guaraníes practicaban puntualmente la antropofagia, pero siempre de un modo ritual y en ceremonias esporádicas, no en salvajes ataques como el descrito por los supervivientes. La práctica del canibalismo tenía connotaciones espirituales, al asimilar el alma de los enemigos y seres queridos también. Probablemente los españoles pudieron haber cometido alguna tropelía que desencadenó el espeluznante final.

Magallanes y sus hombres demostraron un considerable valor cuando se toparon con aquellos indígenas que apenas tenían conocimientos del neolítico. El primer contacto fue con un indio curioso que se acercó en barca. Le dieron regalos y le enseñaron metal. Él pareció entender e indicó que su tribu tenía también algún tipo de metal, pero o era vegetariano o no debieron de interesarle lo más mínimo aquellos seres blancos: optó por ignorarlos, regresar con su grupo de no contactados y desaparecer entre la maleza.

Pronto tienen la esperanza de haber encontrado el ansiado paso, de modo que exploran concienzudamente el Río de la Plata e, incluso, el río Uruguay durante veintidós agotadores días. Pero el agua siempre es dulce. La tripulación empezaba a inquietarse..., los planes se truncaban.

La búsqueda infructuosa y la presión por los resultados no solo van debilitando la resistencia de la marinería, sino que ponen a prueba la estabilidad de Magallanes. Tuvo que rendirse a la evidencia y aceptar una terrible humillación: no había interpretado bien los mapas. En las empresas sucede exactamente lo mismo, los períodos de incertidumbre ponen nerviosos tanto a los empleados como a los accionistas, consecuentemente, bajan los ánimos y las cotizaciones en bolsa.

El paisaje se va volviendo más inhóspito y gélido. Por la noche divisan extrañas hogueras encendidas en las montañas, parecía la antesala del mismísimo infierno. En realidad, se trataba de fogatas de los indios alacalufes o alakaluf o halakwulup (disponían —y hacían uso— de yacimientos carboníferos cuatrocientos años antes que Occidente). Aquella visión fantasmagórica regaló el nombre al lugar: Tierra de Fuego.

Fue el final de un sueño y el principio de la pesadilla. ¿Cuánto más habría que bajar? El único que parece disfrutar un poco de la experiencia es Pigafetta, que aprovecha para observar y documentar la flora y fauna del lugar.

> Las cifras no engañan, se estima que más del 70 % de los trabajadores no están comprometidos con el trabajo. La gran mayoría ni está feliz ni descontento, simplemente se dejan llevar (¿conoces la fábula de la rana hervida?), el efecto de la novedad y esas "ganas de darlo todo" cuando estrenaron puesto ya han quedado atrás hace tiempo. Dejamos de valorar muy pronto todo lo bueno que nos ocurre.
>
> Los que abandonan las empresas, aunque no lo confiesen en las entrevistas de salida, por aquello de dejar siempre una puerta abierta, en su gran mayoría se van decepcionados por el trato recibido por sus jefes. ¿Qué tipo de liderazgo estamos aplicando? ¿Formamos a nuestros *managers* y directivos en habilidades humanas? ¿Medimos la rotación por departamentos/*managers*?
>
> Motivación, motivación, motivación. Invertir en ella siempre es rentable. Las conferencias inspiradoras, los 'team building' (bien planteados, por supuesto) no son solo actividades recreativas, son herramientas muy eficaces de desarrollo dentro de una organización.

CAPÍTULO 26

Análisis y toma de decisiones

> "El ignorante afirma,
> mientras que el sabio duda y reflexiona"
> Aristóteles

5. Río de la Plata - Puerto de San Julián
Salida el 2 de febrero de 1520 - Llegada el 30 de marzo de 1520
Travesía de cincuenta y siete días

Desde el momento en que la flota abandona el Río de la Plata, comienza la verdadera aventura hacia lo desconocido. Por primera vez una nave europea se adentraba hacia el sur por esas latitudes. Todos opinan que Magallanes está perdido, navegan por lugares desolados que cada vez resultan más y más siniestros y amenazantes. Se avecinan unos durísimos meses, entre febrero y octubre de 1520.

Magallanes, decepcionado, es consciente de basarse en un mapa erróneo y el paso que dibuja Martin Behaim, no es más que la ingente desembocadura de un río. Se encuentra en un callejón sin salida. Los días son cada vez más cortos y fríos, con noches que duraban dieciocho horas. Aparcó la misión de buscar el paso y optó por una prematura invernada a refugio en San Julián.

Serán seis interminables meses en tierra consumiendo víveres y la paciencia de todos. Magallanes los tenía desconcertados: podrían haber avanzado mucho más antes de parar y, desde luego, medio año fue una estancia absurdamente dilatada.

En todas las empresas, la falta de comunicación y la inactividad, consumiendo recursos, minan la moral del equipo y ponen en riesgo el liderazgo y la continuidad de la propia compañía.

Al día siguiente de atracar, el 1 de abril de 1520, tuvo lugar el famoso motín de San Julián, uno de los hechos más relevantes de la travesía. Era Domingo de Ramos y Magallanes, ferviente religioso, organiza una misa a la que seguirá un almuerzo privado a bordo, en su camarote. Solo Luis de Mendoza acude a la invitación (era portugués y había sido designado para capitanear la San Antonio tras el desacato de Cartagena). Magallanes es muy consciente de la situación: la tripulación estaba polarizada entre promagallanistas y cartageneros, el comité directivo estaba formado por hombres potencialmente problemáticos, sumado a las inevitables tensiones que causarían la convivencia y el fuerte estrés físico y psicológico de la tripulación, se barruntaban nubes de tormenta. La insurrección está en marcha.

Magallanes temía lo peor: intuía que habían liberado a Cartagena (cautivo en la Victoria) y prepara los cañones para el ataque. Efectivamente, Juan de Cartagena estaba libre y capitaneaba el motín que desafiaba su liderazgo. ¿El plan? El de siempre: ir a por el que manda. El maestre Juan de Elorriaga trata de detenerlos y es apuñalado (moriría dos meses después a consecuencia de las heridas). Estos se apoderaron de la nao San Antonio y apresan a su capitán, Álvaro de Mesquita. Al mando queda Juan Sebastián Elcano.

Jamás sabremos si se involucró voluntariamente o se vio forzado por las circunstancias y el "efecto masa". No vamos a entrar en el discurso de ensalzar o blanquear a personajes, es un hecho que Elcano participó en el complot y, seguramente por ello, pagó las consecuencias al quedar mucho tiempo relegado a un segundo plano.

Antonio de Coca, contable de la flota, llamó al criado de Cartagena, Luis de Molino, y se dirigieron a la bodega. Minutos más tarde subían con los brazos llenos de comida. Quesada voceó a la tripulación: ¡se ha terminado el racionamiento! La Trinidad y Magallanes no podrán contra la San Antonio, la Concepción y la Victoria (la Santiago era demasiado pequeña y les daba igual), el triunfo era suyo, habían derrotado al portugués… Enviaron un mensaje intimidatorio a Magallanes instándole a que se rindiera sin oponer resistencia.

El manejo eficaz del conflicto es una de sus tareas primordiales de liderazgo y Magallanes se retrata como un magnífico estratega: finge parlamentar y, mientras los entretenía con su respuesta, una sigilosa chalupa —al mando del alguacil mayor, Gaspar de Espinosa, y otros fieles magallanistas— abordan la nave rebelde Victoria. Gaspar acuchilló a Mendoza hasta la muerte. La San Antonio se vio acorralada por las ahora tres naves leales a Magallanes (Trinidad, Santiago y Victoria): no tuvo más opción que rendirse. A la mañana siguiente lo hizo la Concepción.

> Sin duda, una mala decisión de Magallanes —otra más— desencadenó la tragedia. Hay mucha literatura moderna relativa a la toma de decisiones, uno de los modelos más aplaudidos es el de las "tres pes", que aúna reflexión con análisis racional y que se basa en tres parámetros: *profit, people and planet* (beneficios, bienestar e impacto).

CAPÍTULO 27

Código de conducta, expediente sancionador y castigo ejemplarizante

> "Un mandatario debe ser lento para castigar y rápido para recompensar"
> Ovidio

Sofocado el levantamiento, Magallanes impartió dura justicia a los insurrectos: nadie le desafiaría otra vez. Un tribunal presidido por Mesquita dicta cuarenta condenas de muerte. Pese a ser un hombre implacable, Magallanes también era práctico: ajusticiar a todos los esbirros de Cartagena que participaron en la insurrección era inviable si quería continuar con la expedición. Hubiera perdido un quinto de su tripulación, así que la sentencia no se cumplió "por necesitar sus servicios" y se conmutaron por penas de trabajos forzados (achicar el agua, descarga y limpieza que los consumen hasta la extenuación) o la cruel tortura de la garrucha (como al cosmógrafo Andrés de San Martín), donde el condenado era atado con las manos detrás de la espalda y colgado del palo mayor para, acto seguido, dejarle caer sin que tocara el suelo, provocando su descoyuntamiento. Ser un buen marinero salvó a Elcano de acabar colgado de una maroma.

El 7 de abril, Quesada, capitán de la nao Concepción, pagará por todos al considerarle cabecilla del levantamiento. Fue decapitado y descuartizado a manos de Luis de Molinos (su criado) por orden expresa de Magallanes.

Juan de Cartagena (el flamante veedor que embarcó con ínfulas de capitán general) junto con el clérigo Pedro Sánchez de la

Reina ("Pero" en casi todos los registros, cuyo verdadero nombre era Bernard de Carlmette) serán abandonados a su suerte en un terreno inhóspito. Pese a las súplicas y las maldiciones lanzadas por el clérigo —que amenazó a Magallanes con arder en el fuego del infierno—, no reculó. Es de suponer que murieron a manos de los patagones.

Bien es sabido que una persona dará lo mejor de sí misma ante la presión que supone el desafío, pero jamás bajo ninguna forma de intimidación: Magallanes es tremendamente duro en sus sanciones. Semanas atrás ya había sucedido otro episodio en la nao Victoria que conmociona a la tripulación.

El maestre Antonio Salomón (natural de Albania y residente en Trapana, Sicilia) había sido sorprendido sodomizando al grumete Antonio Ginovés en la travesía que iba de Tenerife a la brasileña bahía de Santa Lucía. Sin duda, ante navegadas tan largas y con una tripulación masculina, no debían ser raros estos episodios "por la popa" (se denominaba pecado nefando) y, aunque estaban penados al considerarse "un crimen contra natura", se solían encubrir.

Salomón fue ajusticiado por estrangulamiento en la escala de Río de Janeiro el 20 diciembre, nada más arribar a América. Tiene el desafortunado honor de ser la primera víctima de la flota: ser LGTB era una temeridad en tiempos de Magallanes.

Cartagena quería castigar a los italianos con unos latigazos, pero Magallanes, de nuevo ostentando su poder, determina la máxima pena para el maestre (aunque perdona la vida al grumete tras ser acusado de "somético"). Fue otra de las gotas que van a colmar el vaso.

Cuatro meses después, alguien se toma la justicia por su mano y el grumete será defenestrado por la borda de la Victoria. Otras versiones apuntan a que se tiró voluntariamente al no poder soportar la vergüenza.

Este episodio ocurrió a bordo de la Victoria, capitaneada por Luis de Mendoza. Tras la sublevación de San Julián y su ejecución, fue comandada por el contramaestre Miguel de Rodas. De haber perdonado al maestre Antonio Salomón, habría sido él quien dirigiera la Victoria y quién sabe si estaríamos hablando de él ahora, en lugar de Elcano.

Ya hemos comentado anteriormente que cuando en una empresa impera el clima del miedo, malo. El temor y la inseguridad de los empleados a dar su opinión perjudica en la generación de nuevas ideas y esto es un lastre para un mercado en constante demanda de innovación o, incluso, de simples ideas que mejoren la productividad o de una actitud positiva para hacer bien el trabajo habitual.

CAPÍTULO 28

Gestión de la adversidad

> *"No puedo cambiar la dirección del viento,
> pero puedo ajustar mis velas para llegar a mi destino"*
> Jimmy Dean

No se estaban reponiendo del levantamiento cuando sobreviene otro golpe de mala suerte: pierden la primera nave, la Santiago.

Al ser la más ligera, Magallanes le ordena a su capitán, Juan Serrano, que vaya de avanzadilla a explorar algo más al sur, mientras los demás permanecían en Puerto de San Julián. Estamos en el mes de mayo, pleno invierno en esas latitudes. En su periplo descubren la bahía de Santa Cruz, pero cuando regresaban abatidos —sin haber avistado el estrecho— les sorprende una sudestada (fuerte viento frío del sur) que los hace encallar. Aun estando anclada, la nave no deja de garrear por la gran oscilación de la marea y destroza la embarcación irremediablemente.

Afortunadamente sus treinta y siete marineros se salvaron, pero quedaron desprotegidos a merced del frío y a treinta kilómetros del resto de la flota. Consiguen salvar el río Santa Cruz en una pequeña balsa improvisada con restos del naufragio y, una vez en la otra orilla, deciden enviar a dos héroes (lamentablemente desconocemos su identidad) que caminarán —montaña a través— hasta San Julián para pedir ayuda.

Es otro de esos momentos sorprendentes de supervivencia extrema, trabajo en equipo y resiliencia de la expedición. La penosa marcha duró once días en los que se alimentan de raíces, helechos y padeciendo un frío extremo. Logran llegar al campamento base. Magallanes envió un equipo de rescate de veinticuatro marineros que se reencontró con los náufragos cuatro días después.

Los tripulantes fueron redistribuidos y Juan Rodríguez Serrano es nombrado capitán de la Concepción. Habían perdido una nave y el incidente causó un inmenso desánimo. Les habían prometido llegar al paraíso, calor, riquezas… y allí estaban, varados en un paraje inhóspito, muertos de frío y sometidos a constantes peligros. Es fácil imaginar el "clima" dentro de los barcos, bastante más gélido que en la Patagonia donde estaban… Habían partido llenos de esperanza y sueños, pero se encontraban varados, un año después, en mitad del infierno, rodeados de hielo, desesperación e impotencia. Desde luego el viaje no era como se lo habían vendido en Internet…

> Gestionar bien las expectativas de los clientes y empleados es clave para no defraudarles y perder su confianza irremediablemente. Nunca se debe prometer aquello que no se tiene la certeza de poder cumplir. De hecho, si se promete menos de lo que luego se entrega, la satisfacción por el valor de lo percibido será mucho mayor. ¿Qué mejor estrategia para fidelizar a empleados y clientes?

Píldora de Albert Bosch.
Ver vídeo con contenido adicional:
https://youtu.be/q23bJqckVB0

CAPÍTULO 29

RSC: Responsabilidad Social Corporativa

"Tú mismo debes ser el cambio que quieres ver en el mundo"
Gandhi

Los Reyes Católicos habían prohibido expresamente la esclavitud en el Nuevo Mundo, pero sí abogan por la evangelización. Magallanes sigue esa estela de trato justo, humano y cristiano.

Se podría decir que, en general, intentaron ser respetuosos con los indígenas. La llegada de los españoles a Filipinas no fue interpretada como una invasión sino como una relación comercial. Las directrices estaban claras, respeto como palabra clave es lo que le encomendó el propio rey Carlos: "… una vez en dichas islas de la Especiería haréis asiento de paz é trato (comercio) con el Rey y Señor (…) en ninguna manera habéis de consentir que ninguna persona toque a mujer".

Los primeros contactos de los indígenas con "la civilización" son de absoluto desconcierto y fascinación. Pensaban que la tripulación eran emisarios de los dioses. Pigafetta nos narra el primer encuentro con los gigantes patagones (el pueblo amerindio de los Tehuelches). Son una tribu, ya extinguida, que se caracterizaban por su enorme estatura en comparación con los europeos.

"Un día, cuando menos lo esperábamos, un hombre de figura gigantesca se presentó ante nosotros, este hombre era tan grande que nuestra cabeza llegaba apenas a su cintura. De hermosa talla, su cara era ancha y teñida de rojo. (…) las mujeres no son tan grandes como los hombres, pero, en compensación, son más gordas. Sus tetas colgantes tienen más de un pie de longitud... Nos parecieron bastante feas, sin embargo, sus maridos se mostraban muy celosos (...). Medían entre dos metros y medio y tres metros de altura, eran feos como el diablo y también hablaban atronadoramente" (Pigafetta).

La tripulación castellana no pasaría de metro cincuenta o metro sesenta según el estándar de la época. "Hay algunos ingleses tan altos como el más alto que vimos, pero seguramente los españoles piensan que ningún inglés vendría por aquí a reprobar su versión y eso los hace más audaces para mentir", se burlaba Drake, el despreciable pirata que no perdía oportunidad de demostrar su resentimiento frente a la potencia española. Por cierto, a pesar de que su vuelta al mundo ocurrió "solo" cincuenta y cinco años después de la expedición magallánica..., en muchos países anglosajones todavía hoy se conoce y se reverencia más su gesta que la española. Y seguimos para bingo.

Está claro que no son solo importantes los hechos en sí —o la calidad de un producto o servicio— sino el *marketing* que se haga de ellos.

El caso es que llevaron al pobre ingenuo patagón a bordo con engaños (le mostraron una cadena con grilletes y le enseñaron a ponérsela...) para cubrir el cupo de "espécimen exótico" que exige la Casa de Contratación. Fue la mascota de Pigafetta. Con él —y mucha paciencia— escribió un diccionario básico para poder comunicarse: fue el primer europeo que aprendió y transcribió el lenguaje tehuelche de la Patagonia. Llegaron a convertirle y se le bautiza como Pablo. Moriría meses después de escorbuto, pero tuvo un entierro cristiano en alta mar.

A título anecdótico, el gigante de la Patagonia atrajo la atención de William Shakespeare (leyó la traducción inglesa del diario de Pigafetta hecha por Richard Eden). Se pueden ver ecos claros en la obra "La tempestad".

Unos años más tarde, será Bartolomé de las Casas el que inicie oficialmente el debate sobre la ética en la colonización. Pasará cincuenta años de su vida luchando activamente contra la esclavitud, maltrato y el abuso colonial hacia los pueblos indígenas. A mediados del siglo XVI participó en el famoso debate vallisoletano contra Ginés de Sepúlveda (este sostenía que los indios eran una raza inferior y precisaban civilizarse a manos de los conquistadores). Bartolomé de las Casas mantenía que eran plenamente humanos y, por tanto, que era injustificable someterlos por la fuerza.

> Cada vez más empresas toman conciencia de la relevancia que tiene generar un impacto positivo en la sociedad, ya sea por convencimiento o por maquillaje (entiéndase, *branding*). Con la "inminente" llegada de los ODS 2030 —esa ambiciosa carta a los Reyes Magos de Naciones Unidas—, tenemos que cumplir en materia de inclusión, sostenibilidad, paz, justicia, innovación... El consumidor, cada vez más informado y comprometido, muestra una demanda al alza por productos o empresas sostenibles y con valores. Es el llamado "capitalismo consciente".

CAPÍTULO 30

Desarrollo del pensamiento crítico. *Engagement*, orgullo de pertenencia

> "Si estás atravesando el infierno,
> no te pares"
> Winston Churchill

6. Puerto de San Julián - Puerto de Santa Cruz
Salida el 24 de agosto de 1520 - Llegada el 26 de agosto de 1520
Travesía de dos días

La tranquilidad trae estancamiento y... el agua estancada se pudre. Durante los largos meses de invernada, se llevan a cabo labores de limpieza y mantenimiento de las naves, básicamente para tener entretenidos a los hombres. Vacían bodegas y comprueban que los proveedores les han estafado y queda bastante menos comida de la que habían pagado. Nuevamente hay que reducir las raciones: a medida que se van agotando las existencias van alimentándose de resentimiento.

Cuando por fin Magallanes decide salir, encuentran muy malas condiciones meteorológicas y vuelve a detenerse, esta vez en Puerto de Santa Cruz. De nuevo, otra incomprensible escala de cincuenta y tres días esperando a que el verano entrara totalmente. La marinería se inquieta, parece un movimiento errático más, pero nadie se atreve a discutirle. Afortunadamente allí la pesca es mucho más abundante, pero se enfrentan a una naturaleza salvaje, sin domesticar y desconocida. Resulta penoso, pero el paso estaba ya solo a tres jornadas de navegación.

Al partir de San Julián, abandonaron a su suerte —mala suerte— a los amotinados Juan de Cartagena y fray Pero (Pedro) Sánchez de la Reina en un terreno donde solo habitaba la muerte. Que Dios se apiade de vuestra alma.

Una vez liberado de la hostilidad de los capitanes afines al obispo Fonseca, Magallanes pudo rodearse de personas de su confianza para dirigir la flota, todos ellos de origen portugués. Su primo, Álvaro de Mezquita (o Mesquita), al que confirma al frente de la San Antonio, contraviniendo las órdenes de la Junta de Indias de no poner como capitán a un portugués. A su cuñado Duarte Barbosa al mando de la Victoria y a Juan Serrano —cuya malograda nave Santiago había naufragado— le confía la Concepción.

La flota, finalmente, zarpa el 24 de agosto con las cuatro naves que le quedaban, dejando atrás una dura etapa: han perdido un barco, a varios hombres y, sobre todo, ha pasado un año entero y no se ha logrado nada. Encontrar el paso parece una quimera de la que todos recelan.

Subirse a una de aquellas naves es un acto de fe para Magallanes, con un equipo que no creía en él, desmotivado y al límite. Habían vivido momentos trágicos y había que rearmarse anímicamente, volver a conectar con el proyecto y continuar la travesía.

Es fácil imaginar a un Magallanes especialmente taciturno y ensimismado, rumiando su miedo a estar haciendo una apuesta demasiado alta. Era un buen momento para reflexionar, poner en práctica el pensamiento crítico y actuar. Cada golpe de mala suerte era una señal que indicaba que la empresa estaba condenada al fracaso, pero Magallanes no iba a desistir, era un todo o nada, está obsesionado y encontrar el paso es su cruzada personal: tiene un compromiso con la Corona y consigo mismo.

Magallanes ha conseguido que nadie le discuta, pero es el miedo y no la fidelidad lo que mantiene el compromiso con la misión. No puede perder credibilidad ante su equipo, pero no sabe a dónde va. Se empieza a rumiar entre la marinería la idea de retornar a casa antes de que se deteriorasen más las naves y perdieran más hombres. Los suspiros de España se oyen especialmente en la San Antonio (aún sobreponiéndose a la crueldad de Magallanes al conmutar la pena de muerte a su capitán por una sentencia agonizante, cruel y lenta). Del orgullo de pertenencia y del *engagement* hablaremos otro día.

> Los últimos estudios demuestran que los empleados contentos y comprometidos con la empresa rinden entre un 30 y un 50 % más. Además, se ha demostrado que el estado de ánimo se contagia. ¡Aléjate de los quejicas y júntate con personas vitamina!

CAPÍTULO 31

Prueba-error: la soledad del directivo

"Sin fracaso no hay logro"
Tony Robbins

7. Puerto de Santa Cruz - Estrecho de Magallanes - Isla de los Ladrones (Guam)
Salida el 18 de octubre de 1520 - Llegada el 6 de marzo de 1521
Travesía de ciento treinta y nueve días

Perseverar cuando no hay resultados no es fácil. Magallanes necesita una victoria, debe recuperar la credibilidad cuanto antes, es muy consciente de que está en crisis y un nuevo fracaso podría ser el último clavo de su ataúd. Sin duda, en algún momento se había planteado volver a casa, pero rendirse no es una opción: habían ido demasiado lejos... sin haber llegado a ninguna parte.

Como reflexiona Javier Iriondo, en estos momentos de duda tenemos dos opciones: "dar un paso atrás y abandonar, o dar un paso al frente y crecer".

Un paso no te lleva a donde quieres ir, sin duda, pero te saca de donde estás. El 18 de octubre zarparon de nuevo y continúan bajando dirección sur. Están en el hemisferio austral y no solo aquellas aguas eran absolutamente desconocidas, la cúpula celeste ha cambiado también y con ello, sus puntos de referencia. Se avista por primera vez la Cruz del Sur (en el hemisferio boreal, el faro es la Estrella Polar).

A los tres días de navegación descubrieron un cabo que bautizaron como el cabo de las Once Mil Vírgenes. Todos sospechaban que se trataba de una enorme bahía sin salida, pero había que explorarla. Sin ser aún conscientes de ello, se adentraban entre farallones y desfiladeros en el ansiado paso del estrecho. Les quedaban 565 kilómetros de "pesadilla náutica" por ese laberinto acuático (para que nos hagamos una idea de la magnitud, el estrecho de Gibraltar mide catorce kilómetros de longitud). Dentro del estrecho recién descubierto, las distancias son descomunales, teniendo en cuenta la infinidad de rutas erróneas, titubeos haciendo y deshaciendo el rumbo, la distancia final fue muy superior

La habilidad de Magallanes para recorrer en "solo" treinta y ocho días toda la longitud de la Cola del Dragón (como se conoce coloquialmente al estrecho que llevaría su nombre) se considera como la mayor hazaña de la historia de la exploración marítima, un prodigio de la navegación repleto de bordos debido a un complejo entramado de estuarios serpenteantes entre desfiladeros fantasmagóricos. Desde luego no era un simple atajo navegable al mar y de ahí a la Especiería. Podría haber estado meses buscando una salida sin encontrarla.

Magallanes aguardaba impaciente a que se produjera la escena que cambiaría su vida para siempre, pero cada día volvía a ser exactamente igual que el anterior: frío, decepción y desánimo. La exploración resulta muy complicada.

Decide enviar de avanzadilla a la San Antonio —la mayor y no precisamente la más rápida— y a la Concepción para explorar cada uno su manga de mar. Perseverancia, constancia y tesón no le faltan.

Una noche, una terrible e interminable borrasca de treinta y seis horas hace garrear las dos naves y las arrastra hacia una bahía. La gran tormenta de la que hablaba Pigafetta se conoce como "williwaw" y es característica del estrecho. "A los tres días mientras estábamos en esta incertidumbre sobre su muerte (de las tripulaciones de la Concepción y la San Antonio) los vimos venir hacia nosotros, singlando a toda vela y con los pabellones desplegados, y cuando estuvieron más cerca saludaron con descargas de las bombardas y prorrumpieron en exclamaciones de júbilo. Hicimos nosotros lo mismo, y al saber que habían visto la continuación de la bahía, o mejor dicho, del estrecho, todos juntos dimos gracias a Dios y la Virgen María" (Pigafetta). Era el 1 de noviembre del año 1520, día de la festividad de Todos los Santos. Así se llamó aquel cabo que indicaba que iban por el buen camino.

Magallanes, alborozado y pletórico, se reunió con los capitanes en el camarín para (en un acto sin precedentes) estudiar la situación y pedir su opinión. Quedaban pocos víveres, pero las energías se habían visto renovadas. Todos estuvieron de acuerdo en seguir adelante salvo Estêvão Gomes, piloto de la San Antonio, partidario de volver a Castilla y regresar mejor pertrechados con una flota más equipada, pero no fue escuchado, pese a ser el piloto más cualificado. No es momento de vacilar, hay que seguir avanzando. ¡A levar anclas!

Continúan abriéndose camino entre placas de hielo y un silencio denso y amenazante. Los únicos seres vivos que encuentran son leones marinos y unos "gansos extraños" que caminan erguidos y que cuesta mucho pelar... (¡pobres pingüinos!). Aquí tenemos el relato de Pigafetta: "Costeando esta tierra hacia el polo antártico, nos detuvimos en dos islas que encontramos pobladas de gansos y de lobos marinos. Hay tantos de los primeros y tan mansos, que en una hora hicimos una abundante provisión para la tripulación de los cinco navíos. Son negros y parecen estar cubiertos por todo el cuerpo de plumitas, sin tener en las alas las plumas necesarias para volar; y, en efecto, no vuelan y se alimentan con peces; son tan gordos, que tuvimos que desollarlos para poder desplumarlos. Su pico es como el de los cuervos", Pigafetta en Punta Tombo. Estos pingüinos se encuentran en peligro de extinción, la especie que él describe se conoce con el nombre artístico "Pingüino de Magallanes" (Sphenicus Magellanicus) y habita en las islas Malvinas, islas de la Patagonia, Argentina y Chile.

También se topan con seres menos vivos, al divisar unos esqueletos de ballenas sienten que se acercan al objetivo. La migración de cetáceos indica que hay una salida al mar abierto... Pero ¿dónde?

A Magallanes no se le perdonan los errores. Eso es muy español, aquí estigmatizamos el fracaso. En los países anglosajones, su visión es totalmente diferente: si no has fracasado alguna vez es que no lo has intentado. Como dijo Charles Dickens, "cada fracaso le enseña al hombre algo que necesitaba aprender".

> La lectura está clara: ni todo el que fracasa es un fracasado ni todo triunfador va a seguir teniendo éxito toda la vida.

CAPÍTULO 32

Cómo reconocer a un empleado tóxico

> "Para mí es absolutamente necesario tener personas
> que piensen por mí y que a la vez sigan mis órdenes"
> George Washington

Magallanes ya tiene sobrada experiencia en esquivar balas. Tiene muy claro quién está en contra y, llegado el momento, no le tiembla el pulso en desactivar al "enemigo". Como vimos, sus represalias por el motín fueron desproporcionadas, pero sabía que tenía que proceder de manera implacable, aun a costa de provocar el terror en su equipo.

Sabe que la tripulación está al límite, la búsqueda del paso al mar del Sur está suponiendo un durísimo desafío. Nota el ambiente enrarecido y ha aprendido la lección: si no solucionas el problema se hará más grande junto a tu inseguridad. Sabe que Gomes ha votado en contra a continuar la exploración, parece haber acatado la decisión del equipo, pero no habrá que perderle de vista en los próximos días.

La antipatía entre Magallanes y Juan de Cartagena era flagrante pero ese enemigo ya estaba desactivado. Había mostrado el típico perfil tóxico de los dominadores: ansioso de protagonismo, autoritario, boicoteador… y que suelen esconder una baja autoestima. El ser hijo del obispo Fonseca le hizo sentirse intocable y a prueba de balas. Error.

En el grupo de los "palmeros" o pelotas tenemos a nuestro cronista oficial, Pigafetta. Obviamente no va a ser una amenaza para Magallanes, pero sí lo será para Elcano. El problema de estos es que desmoralizan al resto, que sienten que el trabajo bien hecho no es suficiente para obtener reconocimiento. Está en las manos de los jefes adulados poner veto a este comportamiento. Sin duda fue un gran apoyo para el capitán, pero una molestia para el resto de la tripulación y un verdadero cáncer para Elcano.

Gomes (o Gómez) responde al perfil tóxico de los trepas sin escrúpulos. Suelen aparecer en la cadena de mando. Son manipuladores y robamedallas, y no se privan cuando se trata de señalar errores y debilidades del resto.

Es evidente que no estaban todos en el mismo barco... A veces, ni siquiera parecían estarlo en el mismo océano. Cada vez que Magallanes enviaba a la San Antonio en misión de reconocimiento, Gomes se sentía más y más alarmado por los peligros del viaje. Mesquita tenía tan poca experiencia como piloto que él era quien realmente cargaba con toda la responsabilidad a bordo de la nave. Gomes estaba resentido porque Magallanes no quiso nombrarle capitán de la San Antonio tras el motín de San Julián y tuvo que resignarse a ser piloto y, por tanto, subordinado (de un desatalentado... ¡familiar del jefe, a más señas!).

Y sí, Gomes era compatriota de Magallanes, así que esta vez, la disputa no respondía a la rivalidad hispanolusa sino a una cuestión de envidia. Pigafetta lo recoge en su crónica: "Gomes odiaba muchísimo al capitán general, pues antes de que se armara la flota, el emperador había ordenado que a él se le dieran algunas carabelas con las que descubrir tierras, pero su Majestad no se las acabó dando debido a la llegada del capitán general". Es decir, Magallanes le eclipsó y supo medrar en la corte gracias a su matrimonio, con lo que el rey se olvidó de Gomes —y su pretensión de dirigir una nave a Molucas— y a este no le quedó otro remedio que resignarse y enrolarse como un simple piloto, para lo que estaba sobrecualificado.

La polémica está servida.

> Tanto en la vida como en el entorno laboral vamos a tener que tratar con mucha gente, la talla única es difícil de conseguir y ni tú puedes encajar con todo el mundo, ni a ti te van a gustar todos los compañeros, jefes o proveedores... con los que tienes que interactuar. ¡No estás en una guardería! Deja el "guta o no guta" por el debo o no debo adulto. Si actúas con respeto, educación y profesionalidad, muy probablemente recibirás el mismo trato.

CAPÍTULO 33

¿Qué hacer cuando el tóxico es el jefe?
Abandonar el barco

"El ejemplo no es lo que más influencia a las personas. Es lo único"
Albert Schweitzer

Nuevas incursiones de reconocimiento..., nuevos recorridos infructuosos... Gomes siente que Magallanes los está condenando a una muerte segura. Ha tratado de avisar, de convencer al resto, pero parece que están anestesiados por el miedo. Él no está dispuesto a perder la vida en una misión suicida y, aprovechando otra de las salidas de reconocimiento, abandona sigilosamente la expedición poniendo rumbo de vuelta a España en plena noche.

Tras el abandono de la San Antonio (era la nave más grande y contenía la mayoría de las provisiones) y el hundimiento de la Santiago, ya solo quedan tres naos. Pasarán varios días buscándolos y dejando señales en la costa por si se hubieran perdido. Todos los intentos para encontrarla fueron inútiles, por lo que decidieron continuar la travesía sin ella.

La desertora llegará sin grandes complicaciones a España en mayo de 1521, avisando del descubrimiento del estrecho, y poniendo al corriente al emperador de los excesos de autoridad de Magallanes. Alegarían en la Casa de Contratación que, tras regresar de sus labores de inspección, la flota no estaba en el punto de encuentro estipulado y resolvieron volver a España. Declararán haber acudido con el esquife al rescate de los dos desterrados en San Julián (Juan de Cartagena y Pero Sánchez Reina) aunque sin éxito. Su declaración se guarda en el A.G.I., Patronato, 34, R.14, folio 1r, Carta de los oficiales de la

Casa de la Contratación de las Indias al emperador Carlos V, sobre regreso de la nao San Antonio.

Carlos I dará crédito a los testimonios de los desertores. A Magallanes y al resto se les dio por muertos (en realidad ya había muerto en Filipinas para cuando retornó la San Antonio) y se le acusó de traición, quitándole la pensión a su viuda, Beatriz Barbosa. No fueron los únicos efectos colaterales derivados de la mano negra de Fonseca a su familia: Diego Barbosa, suegro de Magallanes, tuvo que hacer el petate y dejar su puesto de alcaide de los Alcázares (fue fulminantemente destituido, ya no se creía en su imparcialidad).

Años después, el rey encargará a Esteban Gómez el mando de una misión con el fin de buscar otro paso al Pacífico, pero por Norteamérica. En esta expedición Esteban Gómez se convertirá en el primer europeo que visita la isla de Manhattan, la bahía de Boston y las tierras de Labrador. Finalmente cumplió su sueño americano.

> Aviso para navegantes: si el tóxico es tu responsable, vete actualizando el currículo. Las personas no se van de las empresas, se van de los malos jefes...

CAPÍTULO 34

Nuevas habilidades directivas: en busca de las *soft skills* y del liderazgo carismático

> "Cuando uno es un tarugo emocional ya puede ser muy brillante e inteligente, que fracasará seguro"
> Victor Küppers

El cansino término de *soft skills* está ya tan manido que cansa. Cuando decimos habilidades "soft" o blandas, las minusvaloramos, ya que las *human skills* (como preferimos llamarlas) son las más importantes. El liderazgo es más una cuestión mental que un listado de conocimientos y habilidades, no obstante, es de agradecer que se tengan cada vez más en cuenta cuestiones como el carácter y el encaje en la empresa (*fit culture*) y los equipos de los candidatos por encima (o además de) títulos de relumbrón, másteres y algo más utópico como el nivel *advanced* en inglés.

Conocedor de la extraordinaria cualificación de Gómez, es ciertamente improbable que la nave se haya hundido. El aislamiento en estos momentos de Magallanes era absoluto y temía que el resto de las naves se le amotinasen. Tras el episodio de la deserción, la empresa está a punto de naufragar, es imprescindible mantener la calma para tomar decisiones y ejecutarlas.

Se suele decir que los aciertos son del equipo y los errores, del líder. Magallanes está moralmente muy tocado, una mala decisión acarreará consecuencias muy negativas. En sus manos está la responsabilidad de la flota, el éxito de la misión y las vidas de muchas personas, una carga emocional difícil de gestionar, especialmente cuando uno mismo no está bien.

Deja acta por escrito y lanza un cabo a su dirección para pedir nuevamente consejo: seguir o regresar. Este documento es el más largo que se conserva del puño y letra de Magallanes, donde se dirige a Duarte Barbosa, capitán de la Victoria. Está clara la estrategia: no solo intenta evitar una nueva insurrección, sino que se está cubriendo las espaldas ante el rey, en previsión de las declaraciones de la San Antonio al llegar a España.

"Yo, Fernando Magallanes, caballero de la Orden de Santiago y capitán general de esta Armada que Su Majestad envía para el descubrimiento de las islas de las Especias, etc., por la presente os informo a vos, Duarte Barbosa, capitán del Victoria, y a vuestros pilotos y contramaestres que soy consciente de que consideráis un grave error mi determinación de continuar adelante, pues pensáis que no queda tiempo para completar nuestro viaje... si no me lo contáis, vais contra el servicio del emperador-Rey nuestro señor y contra el juramento y el vasallaje que tomasteis conmigo; así pues, os pregunto en nombre del dicho señor, y yo mismo os suplico y ordeno que escribáis vuestras opiniones, cada uno por separado, declarando las razones por las que deberíamos continuar adelante o bien regresar, y todo ello sin mostrar respeto por nada que os impidiera decir la verdad... Conociendo vuestros pensamientos y razones, entonces diré yo los míos y mi voluntad sobre lo que se deberá hacer.

Escrito en el Canal de Todos los Santos, frente al Río de la Isleta, el jueves 21 de noviembre, a cincuenta y tres grados, de 1520. Ordenado por el capitán general Fernando Magallanes".

Resulta irónico que se atreva a decir: "Y puesto que soy un hombre que nunca despreció el consejo y la opinión de otros sino que, al contrario, todas mis decisiones son tomadas en comunión con todo el mundo". Algunos solo dan un golpe de timón en su estrategia cuando ya han perdido su rumbo.

Fuera como fuese, logró que el astrónomo de la flota, Andrés de San Martín, le diera su experta opinión. Le insta a continuar la expedición al menos hasta mediados de enero y se atreve a expresar en alto lo que casi todo el mundo murmuraba: les esperaban grandes peligros y lo más probable era que no consiguieran llegar hasta las islas de las Especias. San Martín se viene arriba y, autoproclamado *chief happines officer* de la flota, aprovecha para dar un consejo a su capitán:

> "También creo que su señoría no debería navegar por estas costas de noche, tanto por causa de la seguridad del barco como de la necesidad de la tripulación de descansar un poco; puesto que hay diecisiete horas de luz, permita su señoría que los barcos permanezcan anclados las cuatro o cinco horas nocturnas para que, como dije, la gente pueda descansar en lugar de tener que ir arriba y abajo por las jarcias".

En la reunión de mandos, con Magallanes al frente, habría más *storming* que *brain*. Queremos creer que algo de aprendizaje y adaptabilidad hubo, pues los consejos fueron muy sensatos. Soberbia, arrogancia y prepotencia también, no olvidemos que el capitán era más militar que marino.

> Jefes del mundo: oír a tus empleados no es lo mismo que escucharlos.
> Jefes del mundo: el liderazgo no solo depende de puestos sino de personas.

CAPÍTULO 35

Perseverancia para la consecución de objetivos

> "No vale la pena hacer bien lo que,
> para empezar, no vale la pena hacer"
> Warren Buffett

Como sostiene Mario Alonso Puig en "El cociente agallas", la frustración inicial que se produce cuando erramos en nuestros intentos se supera cuando seguimos creyendo en nuestras posibilidades.

Es digna de admirar la insobornable tozudez frente a la adversidad de Magallanes. Inasequible al desaliento (y, sin duda, con una rabia contenida) fue recorriendo cabo a cabo, fiordo a fiordo… No deja un solo recoveco sin explorar. La travesía por aquella encrucijada les llevará treinta y ocho días, y por fin, el 18 de noviembre de 1520, al doblar el último cabo (cabo "Deseado") desembocarán en el gran océano al que denominaron ingenuamente "Pacífico". La Victoria fue la nave que lo divisó por vez primera. Con ese nombre, estaba predestinada a hacer historia… y la hará.

Ver, oír, oler la inmensidad del mar después de tantas penurias… Debió ser tremendamente emocionante lo que sintió Magallanes quien, por primera y última vez, se permite llorar ante sus hombres: "Il capitano generale lacrimo per allegrezza" (Pigafetta). El palmero de a bordo dejó escrita la crónica de aquellos momentos: "Si no fuese por el capitán general nunca habríamos navegado aquel estrecho porque pensábamos y decíamos que se nos cerraba alrededor". Ginés de Mafra también relata aquella inmensa emoción: "Cada uno se tuvo por dichoso en haberse hallado en cosa que otro antes que él no se había hallado".

El avistamiento del Pacífico era, por sí mismo, un hecho trascendental, pero la alegría por ese descubrimiento quedó empañada por la deserción de la San Antonio. La revuelta había logrado triunfar cuando Magallanes menos lo esperaba.

El estrecho de Magallanes (estrecho "Patagónico" según Pigafetta) recibe su nombre definitivo en 1527, seis años después. Todavía hay quien lo llamaba Estrecho Victoria, en honor al primer barco que lo atravesó. Une los dos océanos más grandes: Atlántico y Pacífico y es un entramado de 565 kilómetros de islas e islotes, como hemos visto.

Lamentablemente y pese al esfuerzo, no fue una ruta comercial rentable, navegar en sus aguas era complejo y traicionero. Apenas ciento cincuenta millas al sur se abre limpiamente el cabo de Hornos (descubierto por el español Francisco de Hoces, solo cinco años después, con la flota dirigida por García Jofre de Loaysa, que pretendía replicar la ruta de Magallanes-Elcano). El nombre se lo puso un capitán holandés un siglo más tarde, en 1616, que exploró la zona con dos barcos, uno de ellos el Hoorn que, por cierto, naufragó en aquella costa. Curioso, una vez más, cómo nos dejamos quitar el bocata los españoles, falló nuestro *marketing* y perdimos el nombre de un cabo tan importante.

El primer paso de Magallanes hacia Oriente estaba dado, el último no lo daría jamás.

> Decía Walt Disney que la diferencia entre ganar y perder a menudo consiste en no abandonar. Un emprendedor ha de estar motivado, las cosas no siempre salen como y cuando uno quiere, pero el secreto está en perseverar. Aunque también hay que saber reconocer cuando ha llegado el momento de asumir la derrota y buscar nuevos rumbos.

CAPÍTULO 36

Gestión del fracaso.
El empeoramiento empieza a empeorar

> "Un hombre no mide su altura en los momentos
> de confort, sino en los de cambio y controversia"
> Martin Luther King, Jr.

La buena noticia es que ya no hay mares desconocidos para la Humanidad; la mala, el Mundo era mucho más grande de lo que se pensaba. Magallanes —ni ninguno de sus subordinados— podían imaginar que el Pacífico iba a ser tan inmenso, de hecho, caben en él holgadamente todos los continentes del mundo.

El mal llamado océano Pacífico no resultó ser ni tranquilo ni pacífico (afortunadamente lo atravesaron en la mejor época, sin tifones ni huracanes), pero se reveló como un interminable desierto marino capaz de ahogar sus sueños, no se toparon ni una sola isla en semanas de infructuosa búsqueda.

Y como el saber no ocupa lugar, aquí están los datos de sus dimensiones:

Tiene una superficie de 161,8 millones de kilómetros cuadrados.

La profundidad media es de 4.280 metros y la máxima es de casi once mil metros que corresponde al abismo Challenger en la fosa de las Marianas.

Una vez logrado el primer objetivo de la expedición, encontrar el paso, Magallanes trató de focalizarse en el siguiente objetivo: llegar a la Especiería. Ni siquiera la pérdida de su mejor piloto, Estêvão Gomes, ni de su mayor barco con las provisiones, la San Antonio, iban a derrotarle. Bien mirado, cuanto más reducida se volvía la flota, más manejable era. Además, se había deshecho de sus mayores amenazas. ¿Qué más podía pasarle? Lo peor ya había ocurrido y había resurgido fortalecido, si no se había venido abajo antes, no lo iba a hacer ahora más cerca de su objetivo. Solo le separaban unas pocas jornadas de navegación...

Pero si algo ha quedado patente de esta expedición es que lo que podía salir mal, salía peor. Magallanes ponía proa rumbo a lo desconocido y llevaba a su tripulación al inmenso y desolado océano más grande del planeta. Aguardan meses de exigente y penoso viaje oceánico.

La travesía del Pacífico se inicia buscando ganar latitudes más cálidas, rumbo norte, ya habían pasado demasiado frío (el derrotero de Francisco Albo nos da casi diariamente la posición). Se acercan mucho a la costa chilena (la actual ciudad de Concepción, que quedaría sin ser explorada hasta treinta años más tarde). Cometen el gravísimo error de no parar a avituallarse: fue una sentencia de muerte, ya que hubiera evitado las penurias que padecieron y, sin duda, muchas bajas.

La vida nos va a colocar, antes o después, ante situaciones en las que vamos a poder saber realmente quiénes somos y esta expedición se vio llevaba al límite en incontables ocasiones. Tras varias semanas de navegación, el desconcierto y la intranquilidad hicieron mella. El poco agua que quedaba estaba putrefacta y resultó imposible abastecerse porque no llovió ni una sola gota (tenían un método de recogida de agua con las velas). Se ven obligados a mezclar el poco agua que queda con orina. Por fortuna, los vientos les resultan muy propicios, constantes a favor y sin ninguna borrasca, lo que les permite avanzar diariamente del orden de setenta leguas —exactamente, 385 kilómetros—. Sin embargo, el océano parece no tener fin.

Esta etapa se cobra veintinueve vidas —abrasados por la fiebre y el sol— y deja al resto de la tripulación muy debilitada y al límite de su resistencia. El primer enemigo que les acecha es el hambre, pero los acompañan también el calor, el hacinamiento, la insalubridad, la tediosa rutina del día a día y la plaga de los marineros: el escorbuto.

De ser ciertas las leyendas de la mitología popular marinera, si hubo un escenario idóneo para ese imaginario dantesco donde un monstruo surgiera de las profundidades o que el océano rompiera a hervir, sin duda era este. Tres insignificantes naves vagando en un infinito océano…

Los nativos tenían (y tienen) unas técnicas —tan básicas como efectivas— para leer el mar y descifrar a la naturaleza. Un método tan sencillo como seguir el vuelo de un pájaro cuando regresa a su nido tras un día de pesca en mar abierto, o la ondulación de las olas. También estudiaban las nubes, las islas más altas del Pacífico alteran los vientos alisios, haciendo que sobre las masas de tierra se concentren niebla y vapores. Todo esto indicaba ¡tierra a la vista! pero las jornadas de navegación de la flota se sucedían sin avistarla… Pasaron de largo la isla de Juan Fernández (la de Robinson Crusoe), no se toparon con la isla de Pascua, ni las Marquesas, ni Tahití… Pasaron muy cerca de las islas Marshall, pero no las divisaron por poco. La mala suerte también iba a bordo. Solo encuentran dos islotes pequeños en los que les resulta imposible fondear: el atolón de Puka-Puka y la isla de Flint, que llamaron San Pablo y de los Tiburones respectivamente.

La crónica que hace Pigafetta (narrando en carne viva) es de un realismo doloroso y sobrecogedor:

> "Miércoles 28 de noviembre, desembocamos por el Estrecho para entrar en el gran mar, al que dimos en seguida el nombre de Pacífico, y en el cual navegamos durante el espacio de tres meses y veinte días, sin probar ni un alimento fresco. El bizcocho que comíamos ya no era pan, sino un polvo mezclado de gusanos que habían devorado toda su sustancia, y que además tenía un hedor insoportable por hallarse impregnado de orines de rata. El agua que nos veíamos obligados a beber estaba igualmente podrida y hedionda. Para no morirnos de hambre, nos vimos aun obligados a comer pedazos de cuero de vaca con que se había forrado la gran verga para evitar que la madera destruyera las cuerdas. Este cuero, siempre expuesto al agua, al sol y a los vientos, estaba tan duro que era necesario sumergirlo durante cuatro o cinco días en el mar para ablandarlo un poco; para comerlo lo poníamos en seguida sobre las brasas. A menudo aun estábamos reducidos a alimentarnos de serrín, y hasta

las ratas, tan repelentes para el hombre, habían llegado a ser un alimento tan delicado que se pagaba medio ducado por cada una. Sin embargo, esto no era todo. Nuestra mayor desgracia era vernos atacados de una especie de enfermedad que hacía hincharse las encías hasta el extremo de sobrepasar los dientes en ambas mandíbulas, haciendo que los enfermos no pudiesen tomar ningún alimento. De éstos murieron diecinueve y entre ellos el gigante patagón y un brasilero que conducíamos con nosotros. Además de los muertos, teníamos veinticinco marineros enfermos que sufrían dolores en los brazos, en las piernas y en algunas otras partes del cuerpo" (Pigafetta).

Curiosamente algo de razón tenían los marineros al cotizar tan alta la carne de rata, no solo por el alimento en sí, se creía que evitaba el escorbuto. Efectivamente —y a diferencia de los humanos— ellas sí sintetizan y almacenan la vitamina C.

La enfermedad no trató a todos por igual y se cebó con la marinería (deformando sus caras por las encías hinchadas), pero respetó a los capitanes y a la mayor parte de los pilotos (tenían su propia despensa y comían carne de membrillo, potente antiescorbútico que les salvó). Quiero creer que Magallanes y los demás capitanes desconocían las propiedades preventivas del membrillo y achacaron la enfermedad de sus hombres a los "malos aires". Hasta el siglo XVIII no se descubre la relación entre la fruta fresca y el escorbuto.

Están física y emocionalmente agotados. "Creo que nunca nadie se atreverá a cruzar este océano", sentencia Pigafetta.

Una vez más, queda de manifiesto la dureza de aquellos hombres. Allí se venía llorado de casa.

> El éxito de una empresa no solo reside en los proyectos que salen bien, también en la capacidad de resiliencia y recuperación cuando las cosas no salen como esperamos.

CAPÍTULO 37

¡Tierra (redonda) a la vista!

"Hacer las cosas es mucho mejor que hablar de ellas. Actúa"
Tom Peters

8. Isla de los Ladrones (Isla de Guam) - Isla de Homonhon, Filipinas
Salida el 9 de marzo de 1521 - Llegada el 16 de marzo de 1521
Travesía de siete días

Finalmente, a mil quinientos kilómetros al norte de las Molucas, ¡gritan "tierra"! Eran las islas Rota y Guam, del archipiélago de las Marianas (en honor a Mariana de Austria esposa de Felipe IV).

Nos cuenta así Ginés de Mafra la alegría que fue para todos: "Yendo, navegando esta armada, uno que estaba en la gavia que se llama Navarro, dijo a grandes voces: tierra, tierra. Con esta subida palabra todos se alegraron tanto que el que menos señales de alegría mostraba se tenía por más loco".

Era el 6 de marzo de 1521, por fin una isla donde pueden desembarcar: era la isla de Guam, que fue española hasta 1898 y escala para los navíos españoles de América a Asia. Pero les esperaba una nueva broma del destino.

La isla resulta estar muy poblada y los isleños, la tribu polinesia de los chamorros (que ya de entrada, suena a clan mafioso) acuden en canoas ("praos") a las naos. Son rápidos y pillan a la tripulación desprevenida y con las defensas bajas: no tienen sentido de la propiedad, son anárquicos y, ante el asombro de los expedicionarios, abordan las naves y se llevan todo cuanto pueden. "Estos pueblos no conocían ley alguna, siguiendo solo su propia voluntad; no hay entre ellos ni rey ni jefe; no adoran nada; andan desnudos; algunos llevan una barba larga y cabellos negros atados sobre la frente y que les descienden hasta la cintura. Los isleños venían a nuestros barcos y robaban tan pronto una cosa como la otra, sin que pudiéramos impedirlo. Por lo maravillados y sorprendidos que quedaron al vernos, estos ladrones creían, sin duda, ser los únicos habitantes del mundo" (Pigafetta). La llamaron, consecuentemente, isla de los Ladrones. Allí permanecen tres días.

Magallanes desembarcó en la isla con cuarenta y cuatro hombres, mató a siete indígenas e incendió el poblado. Recuperó casi todo lo robado, incluido el bote auxiliar de la Concepción. Recogieron cocos y frutos diversos, lo que fue providencial y un remedio milagroso: la mayoría sanaron en pocos días del escorbuto.

Los marineros que se quedaron a bordo de los barcos —muchos al límite de sus fuerzas— imploraron a la partida que bajó a tierra que les trajeran los órganos internos de los chamorros muertos, pues creían que servirían para curar el escorbuto. Su predisposición para recurrir al canibalismo demuestra lo desesperados que estaban.

Cabe señalar que Magallanes inmediatamente ordena lanzar a los muertos al mar para evitar la antropofagia, aunque algunas crónicas sostienen que se llegó a dar a bordo (con el gigante patagón, aunque Pigafetta recogió en su diario que se le dio entierro cristiano en el mar).

9. Isla de Homonhon, Filipinas - Isla de Mazava, Filipinas
Salida el 25 de marzo de 1521 - Llegada el 28 de marzo de 1521
Travesía de tres días

Continúan rumbo este hasta la isla de Homonhon. Creen haber llegado por fin a su destino, pero no son las Molucas, en realidad estaban siendo "los primeros de Filipinas" (veinte años después, otro explorador, Villalobos, lo rebautizó en homenaje al rey Felipe II).

Encuentran buen puerto para fondear y, por fin, pueden parar y recuperar fuerzas durante tres días. Los indios se muestran dispuestos a ayudar y amigables. Enseguida se dieron cuenta, viendo el oro con el que se adornaban los indígenas, que habían descubierto una tierra de enorme riqueza.

Avanzan hasta una nueva isla, llamada Mazava —hoy Limasawa— donde conocen al rey local, con el que establecen lazos, y se ofrece a guiarlos hasta Cebú, donde les dice que hay otro rey y mucha población. Se quedarán en Mazava una semana.

Por desgracia hay que lamentar una baja importante: Juan Rodríguez de Mafra. Veterano de los viajes de Colón y uno de los más prolíficos exploradores españoles de finales del XV y principios del XVI.

Juan no tiene una vida, tiene una novela. Nacido en Palos de la Frontera (Huelva), cuando entró en la expedición de Magallanes ya era un reputadísimo y veterano marino que ostentaba el cargo de piloto de Su Alteza por la Casa de Contratación.

Aunque eludió acompañar a Colón en su primera e incierta travesía, sí participó —ya con más garantías— en la segunda y tercera (nadie prueba la profundidad de un río con los dos pies al tiempo). Se embarcó en múltiples aventuras de los llamados viajes andaluces a América: descubrió parte de la costa brasileña, viajó con Rodrigo de Bastidas a Darién, hizo viajes a Cuba, la Española, San Salvador…

Desgraciadamente, falleció en la expedición de Magallanes a la edad de cincuenta y un años, tras completar la travesía del Pacífico, el mismo día que tocaban tierra en la isla de Mazava (Filipinas).

La flota va completando la hoja de ruta: han encontrado el paso, han salvado el inmenso océano y se acercan a las Molucas. La empresa está siendo terriblemente exigente y aún falta lo peor, están sometidos a una presión y a una exigencia —tanto física como mental— extremas. Los días de tregua son los menos, pero ahora disfrutan de una energía renovada gracias a la motivación de ver más cerca el objetivo final.

> Mejorar la capacidad de resiliencia en tiempos de crisis es vital para la supervivencia, y refuerza la competitividad. Si el equipo está comprometido, es crucial reconocer y agradecer su implicación, aun cuando los resultados no acompañen.

CAPÍTULO 38

Justicia poética

"No hay nada como volver a un lugar que no ha cambiado, para darte cuenta de cuánto has cambiado tú"
Nelson Mandela

Allí fue donde los expedicionarios tuvieron la constatación de que el mundo era redondo. Enrique, el esclavo malayo de Magallanes, era capaz de entender la lengua local de los nativos de la isla.

Enrique era originario de estas islas, había sido capturado de niño por los traficantes de esclavos de Sumatra y fue vendido a Magallanes en un mercado de Malacca. Esta anécdota anima a los expedicionarios: ya están cerca del objetivo y, lo más importante, queda confirmada la redondez de la Tierra.

Ni Magallanes ni Elcano, ni el impostor pirata Drake: ¡Enrique de Malaca fue el primero en dar la vuelta al mundo! Según la crónica de Ginés de Mafra, "el intérprete aprovechó poco, porque con el deseo que él llevaba, (...) se emborrachó con el vino que le dieron".

Lamentablemente, Enrique el Negro no pasará a la historia por esta simpática curiosidad de la que apenas se habla, sino por su "burn out" de consecuencias dramáticas. El fiel criado pronto se va a revelar como un traicionero y despiadado empleado que hundirá la flota en un mar de sangre.

> En las empresas es esencial cuidar de todos los colaboradores y, especialmente, de los estratégicos, aquellos que son difícilmente sustituibles. Es fundamental no defraudarles incumpliendo promesas, ni herir su orgullo, es una regla clave del *management*. Si no se cuida a los empleados, difícilmente vamos a conseguir que se impliquen en los proyectos y se muestren motivados en el día a día.

CAPÍTULO 39

Focus: pérdida del objetivo y el peligro de anteponer intereses particulares a los de la empresa

> "El que gana un combate es fuerte, el que vence antes de combatir es poderoso. La verdadera sabiduría consiste en vencer sin combatir"
> Sun Tzu

Hay una pieza que se nos escapa del puzle: cuanto más cerca se hallaban de completar su misión, más perdían de vista el motivo de su viaje. Hacía muchas millas náuticas que la expedición había dejado de ser lógica, después de cruzar el Ecuador se llegó a desviar hasta mil quinientos kilómetros al norte de las Molucas. ¿A dónde pretendía llegar realmente Magallanes? La expedición se muestra errática y desorientada, han perdido el sentido de su misión, Magallanes parece ansiar convertirse en misionero. ¡Cuidado con todo aquello que te aleja del objetivo y hace que abandones!

Magallanes sabía que las Molucas se ubicaban en el Ecuador, así se constata en el memorial que dejó al Rey: "Las islas de Maluco son cinco, conviene á saber, las tres que están más allegadas á la segunda línea de la demarcación, que están todas Norte Sur a dos grados y medio de longitud, y la isla de en medio está debajo del equinoccial. Las otras dos islas están de la manera de las dos primeras que es Norte Sur, y a 4 grados al oriente de la segunda línea, conviene a saber, dos al Norte del equinoccial, y dos al Sur del equinoccial asentadas por los pilotos portugueses que las descubrieron".

Magallanes había cambiado de perspectiva. Recordemos las capitulaciones que había firmado donde Carlos I le había nombrado gobernador de todas aquellas tierras que descubriese, lo cual —sin duda— justificaba su interés en explorar la zona. Mientras va recorriendo territorios, se va ampliando también su mapa mental.

Magallanes tenía muchos defectos, pero la ingenuidad no era uno de ellos. Quizás era consciente de que regresar a casa significaba la cárcel o la muerte. La San Antonio va a contar su versión de los hechos y, probablemente, sea secundada por la mayoría de "sus" hombres.

Las Molucas no eran más de cinco, pero ahora estaba descubriendo muchas islas que resultaban ser ricas en oro. Posiblemente supiera —por referencias de los lugareños— de otras tierras no descubiertas hacia el este. Aquí tenemos el fragmento clave de Pigafetta hablando de esas capitulaciones firmadas por el rey: "Magallanes tenía concedido por Carlos I, el quedarse con dos de las islas descubiertas si descubría más de 6". Obviamente no lo sabía, pero estaba ante 7.107 islas... Tenía para elegir. Está claro que la primera de ellas iba a ser Cebú.

Elcano es implacable: "Magallanes y Caravallo nunca quisieron dar aquella derrota [para ir a las Molucas], aunque fueron requeridos para ello, porque este testigo siendo piloto en su nao lo vio". Declaraciones de Juan Sebastián del Cano tras el viaje, al alcalde Sancho Díaz de Leguizamo.

La entrada en Cebú fue un tanto desafortunada y excesiva por parte de Magallanes. Había descargado su artillería a modo de saludo, ordenando a sus hombres que dispararan una salva de arcabuces. ¡Los pobres isleños estaban aterrorizados! Magallanes trataba de sacar pecho para impresionar, pero, sin duda, no estuvo acertado. En las empresas, a la hora de internacionalizarse o penetrar en nuevos mercados, conviene informarse previamente de las costumbres y gustos locales o se pueden cometer errores muy caros de subsanar.

Allí conocen al fiel Humabon, un rajá pletórico con esos amigos que le habían traído las mareas. Magallanes se gana la confianza del rey local, que se muestra encantado con esos semidioses que se pueden convertir en protectores y aliados. Es posible que se viera, si no como un semidiós, sí como uno de sus emisarios: Dios le había guiado hasta Filipinas para cristianizar a los paganos, salvar sus almas pecadoras y reconducir sus depravadas costumbres. Su actitud era cada vez más fanática y radical en asuntos religiosos. A diferencia de Cristóbal Colón y tantos otros, Magallanes no tuvo el menor interés en esclavizar a los indígenas que encontró en su camino, su deseo era el de cristianizarlos y establecer vínculos de comercio con ellos, y se esforzó por llegar a entendimientos cordiales.

No deja de sorprender la actitud de Magallanes con respecto a Humabon: de repente, son los mejores amigos, en tagalo, su "casi-casi", es decir, su hermano de sangre. Incluso se presta a sellar aquel pacto de hermandad con una ceremonia pagana, teatral y macabra, según nos cuenta De Mafra: "sangrándose del pecho ambos echada en un vaso la sangre junta, revuelta con vino, bebe cada uno la mitad". Obviamente en los planes de Magallanes pesaba más la conquista del territorio aliado y consolidar la expansión que fomentar las relaciones sociales.

El Domingo de Resurrección de 1521 se celebra la primera misa en suelo filipino. Durante la ceremonia, los locales están fascinados con la liturgia y se unen a ella imitando a los expedicionarios. El rajá Humabon —poseído de una espiritualidad fulminante— se convierte y se bautiza en tiempo récord. Ordenó erigir una gran cruz que, según la tradición, se conserva dentro de otra expuesta al público en una capilla al lado de la Basílica del Santo Niño. Aquel fue el escenario de un bautizo multitudinario llevado a cabo por el clérigo Pedro de Valderrama ante un emocionado Magallanes, que creía estar dándoles lo mejor que podía ofrecer: su salvación. Está ensimismado en su frenética misión de plantar cruces y bautizar indios. Quizás es un buen momento para indicar que, según las leyes católicas, los cristianos no podían yacer con indígenas sin bautizar.

Magallanes regala a la mujer de Humabon, bautizada como Doña Juana, una talla del Niño Jesús. En la actualidad, Filipinas es uno de los países más católicos del mundo y la veneración por el Santo Niño de Cebú es aún hoy increíble: cada año millones de fieles enfervorecidos peregrinan para ver aquella talla que dejó Magallanes.

Mientras la tripulación va recuperando fuerzas (y se van "integrando" con las locales), se reparan también los desperfectos de las maltrechas naves. Magallanes, por su parte, se inmiscuye absurdamente en los conflictos locales: Humabon le había pedido ayuda contra su obstinado enemigo, un reyezuelo de la vecina isla de Mactán, regida por Lapulapu (o Silapulapu). Magallanes decide que Humabon debe ostentar un poder superior al resto y pide que todos reconozcan la soberanía del rey de Cebú y el dominio protector de la Corona española.

Pigafetta lo analiza en su crónica: "A mí, cuando me lo contó mi señor, lo que me pareció es que ese rajá quería aprovecharse de la fuerza de los españoles para someter a todas esas islas". No iba desencaminado. Lo que dotaba de ese poderío a los nuestros era la innovación de sus armas y corazas. La ventaja competitiva que toda empresa debería buscar.

Mientras, nuestro amigo el cronista, se dedica a labores de antropología sexual: está igualmente fascinado y horrorizado por el "palang" —una especie de piercing genital que usan habitualmente los locales— y nos regala uno de los episodios más marcianos de toda su crónica. En su afán por entender más en profundidad cómo aquel artilugio podía proporcionar placer sexual a ambos, llega a ejercer de *voyeur* de una pareja... todo en aras de la ciencia.

Al igual que hizo con aquel gigante patagón, también con los filipinos elabora un diccionario básico del lenguaje tagalo. Pronto tendría que poner en práctica todo lo aprendido. ¡No con el "palang"... sino con el lenguaje!

El cacique tribal de Mactán no acepta la evangelización, ni el sometimiento a Humabon, ni a la Corona española y desafía a los expedicionarios retándolos a un combate. Magallanes, autoproclamado adalid de la cristiandad, acude personalmente ("un pastor no abandona nunca a sus ovejas", declara) acompañado de unos pocos hombres, lo que resulta ser un gran exceso de confianza y su último error.

Magallanes era un hombre pleno y orgulloso que había logrado todos sus objetivos: tras encontrar el paso hacia el mar del Sur (Pacífico), había llegado navegando hasta el otro extremo de aquel infinito océano, había anexionado para la Corona de Castilla prometedores territorios y ganado para la Iglesia innumerables almas de infieles... Todo esto sin haber derramado casi ni una sola gota de sangre. Sorteó peligros como las tormentas, el escorbuto, el hambre y los motines. Al final, la única amenaza a la que no pudo sobrevivir fue a sí mismo. Su arrogancia era una amenaza muy real: el sueño acabó allí, en Filipinas, el 27 de abril de 1521, en un combate sucio, innecesario y de escaso lucimiento.

Rechaza la ayuda del rey de Cebú contra Lapu Lapu. Ginés de Mafra, nos cuenta lo siguiente: "Perdió mucha autoridad [se refiere a Magallanes], porque un hombre que llevaba sobre sí un negocio de tanta importancia no tenía necesidad de probar sus fuerzas hasta el tiempo andando, porque de la victoria se sacaba poco fruto para el hecho que entre las manos tenía". De nuevo, una decisión unilateral pone en peligro la misión de la flota.

Era 27 de abril —el día de la Virgen de Montserrat, a la que el capitán tenía una ferviente devoción—, cuando cuarenta hombres en dos bateles según Mafra y sesenta en tres según Pigafetta desembarcaron en Mactán. Los arrecifes coralinos y los bancos de arena poco profundos impiden una maniobra de fondeo cerca de la orilla. Las pesadas armaduras les dificultan el acercamiento, anclándoles al fondo y los convierten en un blanco fácil. No todos bajan, pero las armas a bordo resultan inútiles por la distancia y la superioridad numérica del enemigo: arcabuces pesados, pólvora mojada, ballestas ineficaces al igual que los cañones, culebrinas y falconetes de la nave fondeada a más de un kilómetro frente a mil quinientos hombres jugando en casa.

Algunas fuentes, aliñando el combate, hablan de la supuesta arenga de Magallanes: "No os espante, hermanos míos, la multitud destos indios nuestros enemigos, que Dios será en nuestra ayuda, y acordaos que pocos días ha vimos y oímos que el capitán Hernán Cortés venció por veces en las partes del Yucatán con doscientos españoles á doscientos y á trescientos mil indios".

Difícilmente pudo saber Magallanes nada sobre la conquista de México de Hernán Cortés... Se recoge en la crónica —poética y licenciosa— de Maximiliano Transilvano llamada "De Moluccis Insulis". Se trata de una carta redactada en latín por el secretario del rey Carlos I y cuyo destinatario es Mateo Lang de Wellenburg, cardenal arzobispo de Salzburgo y obispo de Cartagena. Supuso la primera narración —junto a la de Pigafetta— que se conoció de la hazaña interoceánica, firmada (el 5 de octubre de 1522) a los pocos días del retorno de los supervivientes, recopila testimonios de los protagonistas.

Cuando se acabó la pólvora —que causaba más ruido que daños— los indios se envalentonan. Resulta paradójico que, incluso al cabo de varias horas de intensa lucha, seguían sin enviar refuerzos en sus botes, uno tiene la sensación de que no hicieron lo suficiente para cubrir a su líder.

En la crónica de Rodrigo Aganduru Moriz ("Historia general de las islas occidentales a la Asia adyacentes, llamadas Philipinas", s. XVII) se apunta por primera vez la idea de que luchara junto a su bastardo Cristóbal Rabelo. Primero caería el hijo, este se vuelve para protegerlo y cubrir al resto de sus hombres. Era una locura, un suicidio; los expedicionarios deben retroceder. Los indígenas aprovechan que Magallanes se queda rezagado y se ceban con él, especialmente apuntan a las piernas, sin protección de la cota. Es alcanzado por varias lanzas emponzoñadas que le desestabilizan y cae, es rodeado y le rematan sin piedad. Murió cubriendo a sus hombres, apenas tenía cuarenta y uno. Aquella absurda batalla se saldó con ocho muertes. Fue el precio de tomar malas decisiones.

Pigafetta rinde un homenaje a su líder con estas sentidas palabras, sin duda, la entrada más emotiva de su diario: "Se volvió muchas veces para ver si nos habíamos salvado. […] Sin él, no habríamos llegado a salvo hasta los barcos, pues mientras él luchaba, los otros nos retiramos a los botes. […] Espero que […] la fama de tan noble capitán no se limite a nuestros tiempos. Entre otras virtudes que poseía, era más constante que cualquier otro frente a la más dura adversidad. Soportó el hambre mejor que todos los demás, y entendía mejor que cualquier otro hombre del mundo las cartas marítimas y la navegación. Y que esto era cierto era fácil de ver, pues ningún otro tuvo ni el talento ni el atrevimiento de aprender cómo circunnavegar el mundo, como él casi hizo". Casi…, tal vez sea esta la palabra más triste y que mejor define la vida de Magallanes.

Las palabras de Elcano son más parcas: "Ansí el dicho Magallanes fue e mataron a él e a otros siete, e vinieron heridos veinte y seis". En sus declaraciones al volver A.G.I., Patronato,34,R.19, folio 2r.

Información recibida por el alcalde de Casa y Corte, Santiago Díaz De Leguizamo, en que declaran el capitán de la nao Victoria, Juan Sebastián de Elcano, Francisco Albo y Fernando de Bustamante, sobre distintos pormenores del viaje de la primera vuelta al mundo.

Infravaloró al enemigo, recuerda un poco a los americanos en Vietnam. Lo que iba a ser una incursión de escarmiento —y propagandística de la divinidad de los españoles— se convirtió en un lamentable (y evitable) episodio. Murió defendiéndose con uñas y acero, dando la vida para cubrir a sus hombres. De cualquier manera, y como hemos comentado, si Magallanes no hubiese muerto en Filipinas, probablemente habría terminado sus días en un calabozo en Sevilla por su ensañamiento desmesurado durante la rebelión a bordo de su flota.

El día a día de una pyme o de una *startup* con pocos recursos es menos épico. Pero la gran guerra por la supervivencia no es menos dura: mantener una visión estratégica, elegir bien las batallas que se van a luchar —y desestimar aquellas que solo van a absorber recursos— y contar con un equipo comprometido, que se sienta motivado, es fundamental.

Lamentablemente, los rebeldes se negaron a entregar su trofeo y ni el cuerpo de Magallanes ni el de los otros siete caídos, se pudieron recuperar. Aún hoy se mantiene viva la memoria de aquel capítulo cada aniversario con representaciones de la batalla en la playa. El lugar se conoce como Punta Engaño, donde actualmente hay una escultura conmemorativa de Magallanes y, desde hace pocos años, otra enfrentada de Lapu Lapu, el orgullo local. "Aquí, el 27 de abril de 1521, el gran navegante portugués Hernando (sic) de Magallanes, al servicio del rey de España, fue asesinado por nativos filipinos". La otra cara describe el conflicto desde el prisma filipino: "Aquí, en este punto, el gran jefe Lapu Lapu repelió un ataque de Fernando". Así todos contentos.

Pese a todo, la armada intentó recomponerse. Han de elegir a un nuevo capitán y decidir si continúan con la búsqueda de la Especiería o ponen proa rumbo a casa.

La elección de la nueva directiva es sorprendente, determinada por la bicefalia y optando por conservar un equilibrio de poder entre los portugueses y los españoles presentes en la flota: Duarte Barbosa, el cuñado de Magallanes, como capitán de la Victoria y Juan Serrano al mando de la nao Concepción. Tampoco quedaban muchos más hombres capaces y cualificados. Elcano sigue con perfil bajo.

Sobre la segunda cuestión la decisión es unánime: su obligación sigue siendo cumplir la misión encomendada por el emperador Carlos I. Ni siquiera en esos momentos se planteó la posibilidad de abortar la misión y dar media vuelta: habían llegado muy lejos y sufrido demasiado para abandonar.

> Qué importante es en una empresa estar embarcado en una dinámica positiva y comprometido con el objetivo para seguir yendo a por él, y cómo, en determinadas circunstancias, nos damos cuenta de que nadie es imprescindible. Desde luego el compromiso con la empresa ha de estar conciliado con la vida familiar y la salud.

CAPÍTULO 40

Engagement y reconocimiento

> "La mayoría de los problemas de comunicación
> pueden resolverse con proximidad"
> John C. Maxwell

Abril de 1521 fue una fecha funesta. A la muerte de Magallanes se suma, pocos días después, una nueva tragedia que rompió el corazón de la armada cuando estaba en pleno duelo.

Enrique, el esclavo malayo de Magallanes, tras la muerte de su señor toma conciencia de sí mismo: por fin era un hombre libre. Había servido a su amo desde adolescente con diligencia y lealtad, pero ahora iba a ser uno más en la tripulación. Magallanes había dispuesto una generosa cláusula en su testamento para liberarlo en caso de su fallecimiento, pero los capitanes de la flota no atendieron a razones: le necesitan por ser el único intérprete. Duarte Barbosa le dice que pertenece a la familia (pero no en el sentido de eres uno más) y, que a su regreso, servirá a Beatriz, su hermana y mujer de Magallanes.

Enrique no reconoce la autoridad de los nuevos mandos y discute. El hasta entonces fiel sirviente está absolutamente fuera de sí, no se siente parte del grupo, no se le respeta ni valora, no se tienen en cuenta sus derechos…

Traicionó la memoria de Magallanes: su venganza fue más sangrienta de lo que nadie había imaginado.

Suenan tambores de guerra. El rey de Cebú se cuestionaba la alianza con los españoles —a los que había creído inmortales y ahora eran una tremenda decepción— tras la muerte de su capitán en Mactán. La crisis de reputación es complicada de salvar, la humillante derrota de los "invencibles" hizo perder credibilidad a la armada, tienen que salir cuanto antes de allí. Enrique aprovechará su resentimiento para alentar la revuelta de los indígenas contra el enemigo invasor, le dice al rey de Cebú que los españoles van a partir en breve y que se va a quedar sin nada cuando lo merece todo: puede tener la mercancía y los tres barcos. El rey de Cebú había sido leal a Magallanes, pero ahora estaba muerto, su tripulación a punto de irse y él se quedaba desprotegido y siendo el hazmerreír de un Lapulapu muy venido arriba.

Humabon decide organizar un banquete de despedida y confraternización donde dará regalos para agasajar a "su" emperador Carlos I. Los españoles sospechan que puede tratarse de una emboscada, pero también consideran que sería un acto de cobardía el desplante, la mayoría de los mandos asisten. Elcano no bajó al estar indispuesto, al igual que Pigafetta, herido en la frente con una flecha envenenada durante la batalla.

El resultado es desolador: mueren asesinados veintiséis hombres en una nueva emboscada. La cúpula directiva había caído en bloque. Solo João Carvalho, que había llegado tarde (¡bendita impuntualidad!) es el que da la alerta al ver algo sospechoso, pero ya era tarde. Afortunadamente puede escapar.

En la playa, el capitán Juan Serrano, herido y maniatado, les suplica a gritos que no le abandonen allí. La superioridad numérica de los guerreros es tal que no tienen más remedio que largar velas y emprender la huida. Según contó Ginés de Mafra, "que se quedase con Dios y les perdonase". Fue una penosa y complicada decisión del piloto João Lopes Carvalho, que se erige desde ese momento como capitán de la diezmada flota. Mientras escapaban abatidos, conmocionados y aterrados pudieron ver cómo los filipinos echaban abajo la gran cruz entre gritos de algarabía.

Elcano es uno de los pocos navegantes con oficio que quedaban, pero, ni aun así, se le va a tener en cuenta.

Resulta profundamente conmovedor cómo los supervivientes mantendrán siempre la esperanza de que alguno de sus compañeros hubiera logrado sobrevivir. El propio rey Carlos I solicitará a Hernán Cortés que envíe a Cebú una flota (la expedición de Álvaro de Saavedra) para buscarlos o, en el peor de los casos, saber qué ocurrió. Hay un detalle muy emotivo en el testamento de Juan Sebastián Elcano, ya que lega a su amigo el piloto de Su Alteza Andrés de San Martín, un almanaque, un libro de astrología y paños "por si le toparen".

> Que el nivel de compromiso de los empleados determina el 80 % del éxito es una realidad. ¿Cómo hacer que tus empleados se "enganchen"? Sintiéndose parte de la empresa, que su trabajo sea reconocido, que sean motivados, informados y escuchados.

CAPÍTULO 41

Entorno D-VUCA: *Volatile, Uncertainty, Complex, Ambiguous…* and *Disruptive*

"La inteligencia de un individuo se mide por la cantidad de incertidumbre que es capaz de soportar"
Immanuel Kant

VUCA este acrónimo tan de moda, acuñado por los marines americanos para referirse a un entorno volátil, incierto, complejo y ambiguo, no es más que un término para definir en una sola palabra algo que existe desde siempre y que se denominaba de otras cien maneras: *non plus ultra*, lo desconocido…

Tras una semana funesta —y este último golpe en plena línea de flotación, que se ha cobrado tantas bajas— la desesperación, la frustración y la falta de gobierno pasan factura. Los momentos de adversidad bien gestionados son una gran lección y es en esa zona desafiante, impredecible e incómoda donde más nos desarrollamos (sí, otra de esas frases grandilocuentes de la psicología positiva y el crecimiento postraumático), pero la flota castellana ya está al límite de su capacidad de resiliencia.

Es precisa la intervención de un líder carismático con visión y capacidad de adaptación, con claridad de ideas, capaz de responder ágilmente y actuar con decisión, sin olvidar esa empatía necesaria para generar compromiso, inspirar y volver a reilusionar al equipo. Solo el hecho en sí de que emergiera alguien así, supondría una hazaña colosal.

Carvallo era el único capitán que quedaba y tomó el mando junto a Espinosa, hombre de ley que demostró su valor en el motín meses antes. Ante todo, necesitaban sentirse protegidos, esa fue la razón de los nombramientos de los nuevos líderes.

Para asombro de todos, Carvallo se va a revelar como un verdadero VUCA-nero.

> La pandemia nos ha dado una lección a todos. A la crisis sanitaria se ha sumado la crisis económica. Hemos aprendido a la fuerza —y a velocidad de vértigo— lo que son los entornos VUCA y sin duda hay dos lecturas: amenaza y oportunidad. Las empresas más ágiles y que mejor se han adaptado a los cambios tecnológicos son las que han salido reforzadas, muchas de las otras están gravemente heridas o no han sobrevivido.
>
> Este mismo entorno VUCA mundial nos ha hecho replantearnos las prioridades a millones de personas, ser conscientes de nuestra fragilidad y de la importancia de la salud física y mental. Junto al COVID-19, hay otra pandemia silenciosa: la salud mental.
>
> Toda empresa que quiera sobrevivir a largo plazo, va a tener que cuidar mejor a sus empleados y demostrar también su compromiso con el planeta.

CAPÍTULO 42

Llegada de la prófuga San Antonio a Sevilla

"La manera en que vemos el problema es el problema"
Stephen Covey

Tan solo cinco días más tarde de la emboscada en Cebú, el barco de la vergüenza —la nave desertora San Antonio— arribaba al puerto de Sevilla. Era el 6 de mayo de 1521. Por el camino, y como dato anecdótico, van a descubrir las islas de las Malvinas, que ellos llaman San Antón. La Historia nunca reconoció la hazaña.

Fueron recibidos con sorpresa, alegría y cierta desconfianza. Tuvieron que testificar para evitar ser juzgados en rebeldía (fue un discurso rencoroso de venganzas corporativas) sobre la necesidad del motín y la huida como única salida. La historia oficial que la San Antonio se había encargado de difundir corría como la pólvora por los palacios y burdeles de Sevilla. Distaba bastante del testimonio de Álvaro de Mesquita, herido, desolado y con un grave delito a sus espaldas: ser primo y leal de Magallanes. Su discurso hacía aguas frente al testimonio de los demás y fue encarcelado durante más de un año sin derecho a réplica. La conspiración de los amotinados —con Esteban Gómez, su capitán, a la cabeza— había triunfado. Solo cuando los supervivientes de la Victoria regresaron y pudieron desmentir esta versión, Mesquita fue liberado, pero el daño ya estaba hecho.

En ausencia de Magallanes, su esposa Beatriz se convirtió en el blanco de las represalias. El obispo Fonseca (herido por la muerte de su "sobrino-hijo" Juan de Cartagena y las cuantiosas pérdidas materiales) decretó arresto domiciliario y le denegaron la paga de Magallanes.

La expedición, la empresa, había sido un completo fracaso. Ya nadie los estaría esperando, pero la flota continuaba con su navegación suicida...

> Mucha precaución con la mala prensa que nos escupen los exempleados tóxicos y los que se sienten maltratados. No todo el mundo sabe despedirse con elegancia. Por eso, hacer entrevistas de "salida" con voluntad de saber los motivos reales de la misma —y tomar medidas— es altamente recomendable.

CAPÍTULO 43

Gestión de recursos

> "Si ya sabes lo que tienes que hacer y
> no lo haces, entonces estás peor que antes"
> Confucio

11. Cebú, Filipinas - Isla de Bohol - Panglao - Mindanao - Isla de Kagayan - Isla de Palawan - Brunéi
Salida el 1 de mayo de 1521 - Llegada el 9 de julio de 1521
Travesía de cuarenta días

La tripulación se ha visto drásticamente diezmada, los recursos son limitados, los ciento diecisiete hombres supervivientes no son suficientes para gobernar las tres naves. Deciden soltar lastre para avanzar y acuerdan quemar la maltrecha Concepción: ya solo quedan dos naves, la Trinidad y la Victoria. Han perdido toda esperanza, vagan por el mar, erráticos, y dan con la isla de Bohol. No hay un viento favorable para un barco sin rumbo.

La tripulación ha de trabajar en equipo, adaptarse a las circunstancias, doblar turnos e, incluso, realizar nuevas y agotadoras tareas. Las ganas de rendirse son constantes: "Estábamos tan hambrientos y tan mal aprovisionados que estuvimos muchas veces a punto de abandonar nuestras naves y establecernos en cualquier tierra, para terminar en ella nuestra existencia" (Pigafetta).

La escasez de víveres vuelve a ser una amenaza, necesitan comida, pero tienen miedo, la traumática experiencia vivida en Cebú los hace desconfiar de los indios. Van costeando y a menudo reciben flechas desde la playa, así llegan a Palawan. Un voluntario valeroso accede a bajar para abastecerse alegando que "si le matasen, en ello no perdían gran cosa y que Dios se compadecería de su alma". Se llamaba Juan de Campos, natural de Alcalá de Henares (Madrid). Se había alistado en calidad de despensero en la nao Concepción.

Juan volverá a demostrar su compromiso con la empresa, será uno de los hombres que optaron por quedarse en Tidore (islas Molucas) a cargo de un almacén de clavo en lugar de regresar a casa. Terminó siendo apresado por los portugueses y falleció ahogado (el 1 de febrero de 1523) en el naufragio del junco en el que estaba siendo trasladado a Malaca.

> A menudo nos encontramos con recursos limitados en nuestro día a día, pero eso no es excusa para no actuar: haz lo que puedas con lo que tengas y lo mejor que sepas. No hay más. Si te rindes, habrás perdido y vivirás con ello. Si persistes puedes triunfar o aprender.

CAPÍTULO 44

Liderazgo ético: gestión del éxito y pérdida de valores

> "Aquel que nunca aprendió a obedecer
> no puede ser un buen comandante"
> Aristóteles

El nuevo capitán, João Lopes Carvalho se muestra desnortado desde el principio. Más que expatriados, parecen apátridas que vagabundean de isla en isla recorriendo el mar de Joló —pasando cerca de las Molucas— pero sin tener claro hacia dónde poner rumbo, parando para intercambios comerciales (esto es un eufemismo, llegan a actuar como si tuvieran patente de corso y pidiendo mercancía como rescate a cambio de rehenes).

Carvalho se revela como el antilíder, no solo repite los defectos que había tenido Magallanes: no informar, no consultar, no compartir el mando, alejarse del objetivo… sino que suma la falta de ética, la pérdida de valores y la ostentación de poder. El pillaje es para su lucro particular. Falta cohesión, confianza… Si cada uno rema hacia un lado, el barco no avanza.

Como antropólogo y lingüista aficionado, Pigafetta toma el relevo de Enrique (el criado traidor de Magallanes) y se convierte en el intérprete de la flota. Terminan por arribar a la isla de Palawan con la intención de abastecerse de provisiones. Allí reciben noticias de la riqueza de la cercana Brunéi, en la isla de Borneo. ¡Nuevo objetivo a la vista!

Brunéi era una rica, próspera y refinada civilización muy superior a los lugares que han visitado. Un mundo de fantasía y lujo donde son bien recibidos… de momento. Según la crónica de Ginés de Mafra, la bienvenida fue un despliegue de boato y teatralidad. Sin duda, los toman por emisarios de la Corona lusa con la que las relaciones son fluidas. Un emisario del rajá Siripada se acerca junto a varias embarcaciones muy ceremoniosamente, al preguntarles a dónde se dirigen, responde riendo: "¿Molucas? ¡Pero si allí solo hay clavo!".

Protagonista por primera vez, Elcano y Gonzalo Gómez de Espinosa son elegidos como embajadores para representar a la flota que irá a la recepción del rajá, los acompañan dos marineros griegos (Juan Gorfo y Mateo Griego) y el hijito brasileño de Lopes Carvalho. Se los invita a un banquete (es fácil imaginar los recuerdos que aquello reaviva) y son llevados con mucho boato a lomos de elefantes, animal que veían por vez primera. La idolatría del pueblo por el sultán se les antoja cuanto menos extravagante y singular: no se le puede ver y solo se permite hablarle a través de un tubo en la pared.

Tras varios días en tierra disfrutando de la exquisita generosidad de su anfitrión, la tripulación empieza a sospechar que han retenido a sus compañeros en contra de su voluntad. Lo que ocurrió entonces es totalmente confuso y no es posible conocer la verdad ni con los relatos de Mafra ni con los de Pigafetta.

El reino de Brunéi jamás había tratado con otros europeos que no fueran sus aliados portugueses. Tras varios días agasajando a sus invitados, parece que el rajá ha cambiado de opinión y ahora retiene a los españoles contra su voluntad en palacio: entregarles a los portugueses una flota española será un gesto que reforzará la alianza lusa.

En la madrugada del fatídico 29 de julio, más de cien praos, organizadas en tres grupos, surgieron sigilosas de la nada y los rodearon. También aparecen dos grandes juncos (un tipo de barco chino) que habían fondeado tras las dos naves españolas. Estas, sintiéndose amenazadas, dispararon sus cañones y abordan a uno de ellos. El capitán no era ningún pirata, comentó que estaba al servicio del rey de Luzón, pero una tormenta le había alejado de su flota y había tomado rumbo a Brunéi para reparar los desperfectos de su nave. Agasajó a Carvalho con "regalos de empresa" que realmente eran para su uso y disfrute personal: joyas, dos alfanjes y una daga. Del liderazgo ético también hablaremos otro día...

Mafra cuenta que bajo sus harapos asomaban lujosas túnicas bordadas en oro. Algo no encajaba. Según Pigafetta, el rajá de Brunéi, Siripada, necesitaba a aquel capitán para luchar contra los paganos que amenazaban su imperio y que los praos no tenían ninguna intención de atacar a la flota sino a sus enemigos árabes. Se disculparon ante el rajá y solicitaron que volvieran sus compañeros retenidos.

Espinosa y Elcano son liberados, pero Siripada persiste en retener a los otros rehenes-invitados, Carvalho respondió contraatacando, subiendo a bordo a dieciséis de los prisioneros capturados, así como otro trofeo: tres mujeres "extraordinariamente bellas". Carvalho alegó que los llevaría al emperador Carlos I, pero no tardó en beneficiarse del botín y las convirtió en su harén particular. Había creado su departamento de felicidad personal… ¡Qué complicado es cuando no nos podemos apoyar en nuestros líderes!

Espinosa mata a un capitán local y envía su cabeza como amenaza al rajá para que les devuelva al resto (este siniestro episodio se va a reflejar en su escudo de armas). Al cabo de dos días de espera, terminan zarpando, quedando allí dos griegos (algunas fuentes hablan de deserción) y "Jaocito", el hijo de Carvalho al que, probablemente, había enviado a tierra con el propósito de trapichear y negociar sus coruptelas.

Este rocambolesco episodio —secuestro incluido— es la oportunidad de corregir el rumbo y evitar el declive organizacional. *Change mindset* son las palabras clave.

> En las empresas, cuando hay un empleado deshonesto —que roba, por ejemplo— es un problema. Cuando la mala praxis procede del *manager* o el CEO puede resultar trágico. Los abusos se normalizan, se extienden y pueden llegar a hundir a una empresa o, incluso, industria. Todos recordamos los casos de Fórum Filatélico, Enron o Lehman Brothers con las hipotecas *subprime*.
>
> Un liderazgo ético, unos valores sólidos y un buen código de conducta son claves. La única forma de liderar es con el ejemplo, el buen ejemplo, claro.

CAPÍTULO 45

Cambio en el CODIR: nueva cúpula directiva

> "Nuestro destino nunca es un lugar
> sino una nueva forma de ver las cosas"
> Henry Miller

12. Brunéi - Isla de Joló - Isla de Kagayan - Islas Célebes septentrionales - Tidore, Islas Molucas
Salida el 29 de julio de 1521 - Llegada el 8 de noviembre de 1521
Travesía de ciento tres días

Tras treinta y cinco días, parten de Brunéi. Lopes Carvalho recibe nuevamente duras críticas: el hábil piloto se había convertido en un corrupto capitán general, en un pirata, un superviviente donde todo vale. Jamás dejes por el camino tus valores.

Es fácil echarle la culpa al viento cuando no hay un rumbo marcado... Continúa el recorrido caótico y una de las naves encalla debido a los bajíos y rocas del archipiélago filipino. Tuvieron que esperar horas a que subiera la marea para poder liberarse, pero el casco se dañó irremediablemente. Poco después, a un marinero se le cayó una vela en un barril de pólvora, afortunadamente logra recogerla antes de ocurrir una nueva desgracia. Queda de manifiesto que están agotados y que necesitan un líder capaz que ponga orden y reconduzca la misión de una vez. Sin respeto, la disciplina salta por la borda.

Localizan un puerto en una isla de difícil identificación —entre Borneo y Palawan, seguramente Cimbonbon— y se produce una nueva demora de cuarenta y dos días para reparar ambas naves, ya que la Victoria también presentaba vías de agua.

Cuando te olvidas de los demás, los demás se olvidarán de ti: Carvalho es destituido de inmediato debido a sus desmanes amorales. Queda demostrado que estar en el sitio adecuado en el momento preciso no vale; hay que ser la persona adecuada. Tras la destitución, no hubo represalias: volvió a ocupar su puesto de piloto. Después del exceso de protagonismo no vuelve a aparecer en primer plano. Murió por causas desconocidas el 14 de febrero 1522.

¿Sabíais que el 42 % de los directivos españoles no están a la altura de su puesto según la opinión de sus empleados? Está visto que lo de la meritocracia se ha estilado siempre poco en España... o que nos cuesta reconocer lo bueno de nuestros jefes. Muchas veces el problema está en que se promociona a gente técnicamente brillante pero con nulas habilidades de mando o *human skills*.

Hay gente que está feliz desempeñando su trabajo, no ambiciona más, no necesita más responsabilidad. Pero son ascendidos y se ven sobrepasados. Cuidado con esto, habla con tus subordinados antes de proceder.

Los oficiales de mayor rango (Espinosa, Elcano, el piloto Francisco Albo, Pigafetta y Martín Méndez) se reúnen con urgencia para cesarle "por obrar en deservicio de S.M.". Por acuerdo democrático se eligió un triunvirato directivo para liderar el cambio. Hombres claves en puestos claves: la expedición renació.

Espinosa es nombrado capitán de la Trinidad (seguía siendo la nave capitana). Carlos I le había asignado el cargo de alguacil mayor de la Armada de la Especiería (encargado de velar por el cumplimiento de la ley a bordo, una figura carismática y honesta que les daba seguridad y confianza) y es, junto a Elcano, la nueva cabeza visible de la armada. Hay otras dos personas de especial relevancia en la nueva organización: el escribano y tesorero Martín Méndez (escribió el "Libro de las paces", acuerdos locales con pueblos que eran proclives a mostrar vasallaje al emperador Carlos I) y el maestre Juan Bautista de Punzorol, que suple con creces las posibles carencias marineras de Espinosa.

Punzorol tenía un hijo a bordo, Domingo, pero se separarán en el tornaviaje: su hijo se embarca en la Victoria. Lamentablemente, ambos mueren sin lograr alcanzar destino.

Elcano había mantenido un perfil bajo, habían sido muchos los giros del destino, pero supo esperar su momento. "Hicieron capitán [...] a Juan Sebastián del Cano, que desde el Estrecho hasta que murió Magallanes había sufrido muchos disfavores, mas él como discreto sufrió", relación de Ginés de Mafra. Está claro que las consecuencias del motín seguían pesando, pero Juan Sebastián Elcano —ante la falta de experiencia de los otros, aunque con mayor rango— se convirtió en el responsable extraoficial de la expedición. Pigafetta —muy promagallanes hasta después de su muerte— ni le nombra en las crónicas por venganza.

Necesitan focalizarse, dejar de moverse sin sentido: buscarán sin demora las Molucas y volverán a España cargados de especias. El 27 de septiembre retoman la búsqueda, solo diez días después ya divisan los característicos cráteres de la Especiería recortados en el horizonte.

> Lo primero en todo negocio o proyecto es tener claros los objetivos. Lo segundo, focalizarse, alinear estrategias, concentrar la energía, tiempo y recursos en ello. Hay cientos de distracciones en nuestro día a día: ladrones de tiempo, cuestiones familiares, WhatsApp, horas improductivas en redes sociales e Internet...
> Steve Jobs resaltaba la importancia de "renunciar" para mantener el foco en los objetivos. Sin duda emprender conlleva una parte importante de "desprender".

CAPÍTULO 46

Mindset change! Reconducir el proyecto, volver a ilusionarse, consecución de objetivos

> "Ningún lugar está lejos si existe la intención de alcanzarlo, tan solo hay que entrenar, ser constante y no dejar de bracear ante los temporales. Nada es imposible si se confía en uno mismo y se tiene la actitud para lograrlo"
> David Meca

Si quieres tener éxito ¡enfócate! Cuando todo perece perdido, la armada coge velocidad de crucero. Tras la delirante travesía bajo el mandato poco ortodoxo de Lopes Carvalho, nuevo capitán y viejos retos. La destreza como navegante de Elcano y la confianza que transmite Espinosa funcionan como factor estabilizador de la flota y todos vuelven a ilusionarse.

Molucas. Hay lugares que te gustan ya solo por el nombre, aunque no hayas estado allí, sabes que es un lugar paradisíaco: Tidore, Ternate, Motir, Makian y Bacan (son más de mil islas, pero estas cinco eran las más relevantes). Seguramente en la actualidad sean una trampa para turistas —con resort de pulserita— pero nos quedamos con la imagen idílica que ellos debieron de tener al llegar a su ansiado destino.

Después de dos años, tres meses, más de cien bajas y tres barcos perdidos, fondean en Tidore, la primera productora de clavo y una de las cinco benditas islas de la Especiería: misión cumplida. Era el 8 de noviembre de 1521. El *deadline* se les había ido un poco, es cierto, pero localizar las Molucas —por una ruta desconocida y en el océano más grande del mundo— fue como encontrar la aguja en el pajar. Habían estado vagando por aquel laberinto que suponen las Filipinas (más de siete mil islas y 13.500 las de Indonesia) y por fin, habían echado el ancla allí.

El 28 de octubre habían parado en la isla de Kagayan para "reclutar" a dos pilotos guía. También cuentan con uno de los prisioneros de un barco de pillaje que es de Ternate. Esta ayuda resultó providencial para lograr su objetivo, pero saben que han obrado mal. "Y que nosotros, todo esto que habemos hecho, lo hicimos por venir a las islas de Maluco y a su tierra, donde ahora estamos, y no por hacer mal a ninguno", como se recoge en el "Libro de las paces", si es que entonar el mea culpa los redime.

La corte de Tidore era fastuosa. Son muy bien recibidos por su rajá, un tal Almansur (al que enseguida le cambian el nombre por Almanzor, y es que a los españoles nunca se nos ha dado bien pronunciar nombres extranjeros). Es musulmán, los árabes habían llegado hacía bastante para comerciar con las especias.

No parece que los portugueses le hayan tratado muy bien, porque pronto cambia lealtades y ofrece vasallaje al emperador Carlos I (en un arranque de patriotismo propone que Tidore pase a llamarse Castilla). Su padre había favorecido una base comercial portuguesa allí, sin duda para alejar a los árabes. La geopolítica local también influía en la predisposición de Almanzor: Tidore tenía diferencias con su vecina Ternate (en poder de los portugueses) pujando ambas por ser la "flagship" del clavo y buscaba aliados estratégicos. El lucrativo comercio se concentra en ambas, quienes exigían tributo a las islas vecinas y mantenían un intimidante ejército para velar por el cumplimiento y la colaboración de todos...

Si de algo había servido su dramática experiencia en Cebú, el estrés postraumático hizo que se encendieran todas las luces de alarma. Se dejaron ayudar, comerciarían, pero no iban a enredarse en conflictos locales. Ya no.

Resulta curioso, cuanto menos, cómo se puede cambiar de lealtades tan rápido y estar incluso dispuesto a modificar el nombre a tu patria. ¿Cuáles serán las auténticas motivaciones del líder local Almansur?

Todos los proyectos conllevan riesgos. Cuando ya has conocido la derrota es fácil desanimarse o sentir miedo: si te rindes ante la adversidad y los contratiempos, al final, lo que temes es lo que tienes.

Pierdes cuando no lo intentas, pierdes cuando no aprendes, pierdes cuando no te implicas de verdad. Pierdes cuando te conformas con resultados mediocres y la competencia te adelanta.

En cambio, la sensación de progreso crea una dinámica positiva y hará que avancemos mucho más rápido.

CAPÍTULO 47

Alianzas estratégicas y expansión internacional

"A veces lo bueno es enemigo de lo mejor"
Stephen Covey

Almansur quería equiparar Tidore a su vecina Ternate que comerciaba con Portugal, por eso se mostró muy predispuesto a colaborar con nuestra armada. Dinero y poder, ahí estaban sus razones. Cinco siglos después, nada nuevo bajo el sol.

Construir una óptima relación laboral entre proveedor y cliente solo ofrece ventajas y beneficios. Llegaron a un acuerdo para que reconociera la soberanía española sobre la isla (a pesar de estar violando con ello el Tratado de Tordesillas, aunque, en su descargo, diremos que aún creían que las Molucas estaban en sus dominios). Tras las formalidades burocráticas, quisieron establecer el comercio con las especias tan rápido como fuera posible, antes de que las luchas intestinas pusieran el trato en peligro.

El rey de Tidore dispone del puesto comercial de los portugueses para acomodar a los españoles y el martes 12 de noviembre —tan solo cuatro días después de fondear en el puerto de Tidore— la flota de las Molucas comenzaba las transacciones comerciales. El clavo era la especia más cotizada porque solo se producía allí (debido a las condiciones del suelo volcánico, drenado y margoso), crecían frondosos bosques de claveros con su delicada y pequeña flor rojiza en el momento de recolectarla.

Fue la principal mercancía que cargaron, negociando directamente con los productores en un mercado casi monopolizado por Europa, complejo y abusivo. El cambio en las condiciones de compra fue brutal. Pigafetta recoge en su crónica que "la prisa que teníamos por regresar a España nos hizo cambiar nuestras mercancías por mucho menos de lo que hubiéramos podido obtener". Regalando titulares, como siempre, explica todo lo que va aprendiendo del clavo y de la nuez moscada, y también las costumbres de los moluqueños: "(los hombres) tienen tantos celos de sus mujeres (a las que acaba de llamar feas) que no querían que bajáramos a tierra con las braguetas abiertas". La frase se comenta sola.

La presencia de los españoles en Tidore es un secreto a voces. Hasta allí se acercaron el hijo del rey de la vecina Ternate, con él venían la viuda y los hijos de Francisco Serrano, el amigo de Magallanes que le incitó a ir gracias a sus cartas y que, lamentablemente, había fallecido poco antes parece ser que envenenado —casi al tiempo que moría su amigo y compartiendo destino— también por inmiscuirse en conflictos locales.

Los acompañaba Pedro Alfonso de Lorosa (o Lourosa), que busca unirse a la armada castellana y, efectivamente, embarcó en la Trinidad. Por él saben que Portugal lleva la friolera de diez años comerciando allí, aunque lo mantienen en secreto y sin llegar a conquistar el territorio. Esta noticia explicaba por qué el rey Manuel había rechazado la expedición de Magallanes. También confirma que las autoridades portuguesas, inasequibles al desaliento, los habían estado buscando sin descanso para interceptarles y abortar su misión, además de ordenar al capitán de las Indias, Diego Lopes Sequeira, que enviara seis navíos al Maluco (afortunadamente esta armada tuvo que desviarse a Aden para sofocar el ataque del turco) y dos flotas más que se frustraron por diversos motivos. El mensaje estaba claro: debían cargar las bodegas y salir de Timore antes de que apareciera en el horizonte la armada portuguesa con Antonio de Brito al frente y a su encuentro para apresarlos. Era evidente que tenían que espabilar con las especias, y el 12 de noviembre empezaron las negociaciones por el clavo, a cambio de, básicamente, los productos robados a los juncos que los españoles habían ido atacando durante aquellos meses de navegación por las Filipinas, Borneo y el mar de Célebes.

Almanzor intentó convencerles para que se quedaran más tiempo, pero no logró retenerlos. Le interesaba mantener la alianza con ellos para intimidar a los reyezuelos de las islas vecinas, en particular a su enemigo Abu Hayat, rey de Ternate, con el que negociaban los portugueses. Pero la flota solo quería salir de allí y emprender el camino de vuelta a casa: algo habían aprendido de su escala en Cebú. Lo más destacable de los acuerdos de buena voluntad que se firmaron, es que dio lugar al "Libro de las Pazes e Amistades que se an (sic) hecho con los reyes e señores de las islas e tierras donde hemos llegado" del escribano de la Victoria, Martín Méndez. Otra importantísima fuente de información.

Es hora de regresar a casa. Además, no tenían muchos alicientes para permanecer allí… Parece que se abstuvieron de sucumbir a los encantos de las mujeres locales, pues creían que estaban infectadas por la sífilis, "el mal de Job" o el "mal portugués". Lo cierto es que esta enfermedad se manifestó antes en China que en Europa.

> Si eres *manager* en una empresa o, incluso, si eres emprendedor ¡no te quedes estancado! Si no estás mejorando, probablemente es que estés empeorando. No pierdes dinero, tu empresa es rentable, pero… ¿cuánto dinero estás dejando de ingresar por seguir haciendo las mismas cosas de siempre? Crecimiento e internacionalización son las palabras claves, ya sea a través de exportaciones, acuerdos de cooperación por medio de *partners*, licencias o franquicias, o a través de inversión directa. Estamos en un mercado global: crece, expándete o prepárate para morir.

CAPÍTULO 48

Fin de proyecto: misión cumplida… o casi

> *"Cuando lo que haces tiene un propósito,
> un sentido, no es un trabajo sino una misión"*
> Javier Iriondo

El 18 de diciembre de 1521 la flota está preparada para la partida, los reyes de todas las islas de las Especias se reunieron para despedir a la armada. La nao Trinidad, capitana de la expedición, zarparía bajo el mando de Gonzalo Gómez de Espinosa y la Victoria con Elcano. Las naves se engalanan para la ocasión, estrenan velamen para vestir los palos con la Cruz de Santiago y la inscripción: "Éste es el signo de nuestra buenaventura". Providencial.

Pero los planes perfectos no existen. El infortunio, una vez más, se ceba en la expedición y la Trinidad "sacó la pajita más corta". Su destino se selló pronto.

Cargaron excesiva mercancía en las bodegas, cada vez les ofrecían más barato el clavo, viendo que ya se iban. Flagrante indicación de que —por las prisas o por inexperiencia— no habían negociado bien. Optaron por guardar el excedente en un almacén y se quedan allí cinco voluntarios custodiando: el despensero Juan de Campos (una vez más haciendo gala de su espíritu de sacrificio y del deber) y cuatro lombarderos. También almacenan mercancía sobrante que traían de Castilla para comerciar (y otra que habían ido rapiñando en la fase de bucaneros de fortuna).

El rey de Bachian les regala dos aves del paraíso como presente para el emperador que Pigafetta relata así: "Nos dio también para el rey de España dos pájaros muertos […] cuentan que vienen del

Paraíso Terrenal" (¡ay, qué chiquillo este!). En realidad, era un regalo muy exclusivo, digno de emperadores, ave autóctona de Nueva Guinea y las Molucas, reputado como símbolo de poder y codiciado desde antiguo en todo el sudeste asiático, China, la India, Persia y Turquía.

Nada más levar anclas y comenzar la travesía, la Trinidad empezó a hacer agua y a escorarse. Ambas naves maniobran y viran de regreso al puerto. Cabe preguntarse cuál era el camino que pretendían tomar inicialmente, ya que ninguna fuente lo menciona. ¿Falta de planificación y puesta a punto de las naves provocada por la premura en partir? ¿Se ordenó no reflejar nada en los diarios de a bordo?

Ya fondeadas, Almanzor mandó inspeccionar a sus buzos (se lanzaban en busca de las vías de agua con el cabello suelto para sentir la succión del agua y localizar así las grietas en el casco), pero no tuvieron más remedio que descargarla por completo para averiguar dónde estaba el problema. La sobrecarga, una mala reparación tras haber encallado en el mar de Joló y el efecto de la broma (esos pequeños moluscos caníbales que atacan a la madera sumergida causando perforaciones) habían debilitado las cuadernas. Necesitaba reparaciones urgentes, no se trata de una simple vía de agua: iban a precisar varios meses para poder zarpar de nuevo. El maestre Juan Bautista de Punzorol calculó que había para unos cincuenta días de reparaciones, varando en seco la Trinidad. A su vez, los de Victoria aprovecharon para desembarcar setenta quintales de clavo por temor a que la nave no aguantase, y Pigafetta añade que algunos hombres decidieron quedarse "por miedo a morirse de hambre".

Y aquí va el testimonio de Elcano, recogido en la carta que le escribió al rey (fechada el 6 de septiembre de 1522 nada más llegar a Sanlúcar de Barrameda):

"Queriéndonos partyr de las yslas de Maluco a la vuelta de España, descobrió una agua muy grande una de las dos naos de manera que no se podía remediar sin ser descargada, e pasado el tiempo de [que] las naos navegaba[n] para Jaba e Malaca, determinamos de morir o con grande honra a serviçio de tu alta magestad, por haserla sabidora del dicho descobrimiento, con una sola nao partyr estando tal de bromas como Dios quería".

Vivimos en la sociedad del éxito, de los supermanes, de los triunfadores, al menos, en las redes sociales..., pero fracasar significa haberlo intentado y llevarse una gran lección aprendida. La vida se ordena y desordena constantemente, no entres nunca en "modo excusas", asume tu parte de responsabilidad y, sobre todo, abandona el victimismo y trata de buscar soluciones.

Acepta, aprende y continúa.

PARTE TERCERA: NUEVO OBJETIVO

*"Lo que crees,
creas"*

Bisila Bokoko

Ver vídeo con contenido adicional:
https://youtu.be/N-0ymdwqzgw

CAPÍTULO 49

Nuevos objetivos: innovación y dejar un legado

> *"La genialidad está en ver lo que todo el mundo ha visto y pensar lo que nadie ha pensado"*
> Albert Szent-Györgyi

Ahora empieza la Historia con mayúsculas. ¿En qué momento surgió el "esto va a ser grande"? La ilusión por conseguir la hazaña de la vuelta al mundo fue clave en la elección del derrotero: no era la ruta más segura ni la más corta, pero estaban dispuestos a cruzar medio mundo por territorio enemigo y sin detenerse en la costa para evitar ser apresados. Podría ser el principio del fin o el pasaje a la posteridad.

Había que intentarlo: si uno quiere ganar a lo grande ha de apostar a lo grande, no hay más. Asumir riesgos, tener la curiosidad de ir más allá, navegar en la incertidumbre e ir a por ello con todas las fuerzas y todas las debilidades.

Incluso en la actualidad, con el *big data* y la ayuda —muy bien remunerada— de grandes consultoras internacionales, al final los líderes tienen que tirar de instinto para tomar una decisión entre las opciones finalistas que les presentan.

Elcano se perfila como un líder ambicioso capaz de cambiar y reajustar el objetivo: han logrado su misión, pero... ¿por qué no tratar de lograr una gesta aún mayor? El secreto: cuando se está arriba, no acomodarse. Formar parte de algo más grande que ellos mismos, trascender y pasar a la posteridad fue su motivación. Demuestra tener dos cualidades fundamentales:

- 1) Visión estratégica: para proyectar con perspectiva, valorar las opciones y sopesar el impacto en la organización de las decisiones.
- 2) Influencia, para persuadir e implicar al equipo para que ejecute el plan y lo materialice, inocular esa pasión por formar parte de algo mucho más grande e impensable.

El propio Elcano nos lo confirma en la carta que envió al rey Carlos I nada más llegar a Sanlúcar de Barrameda dando noticias de su llegada: "Mas saberá tu Alta Magestad lo que en más avemos de estimar e tener es que hemos descubierto e redondeado toda la redondeza del mundo, yendo por el oçidente e veniendo por el oriente".

Gracias a esta carta somos conscientes de la enorme importancia que para Elcano suponía haber completado la primera circunnavegación: no destaca ante el rey el haber descubierto el paso del estrecho, ni haber abierto una nueva ruta comercial, tampoco habla de la misión de certificar que aquellas islas pertenecían a la demarcación castellana. Lo más relevante para él había sido dar la vuelta al mundo.

Elcano confió en la maltrecha nao Victoria para enfrentarse al desafío de aquel viaje suicida, pero, sobre todo, confió en la resistencia y en el compromiso incondicional de aquellos marineros de raza. Prefirió enfrentarse al inmerso mar (navegando tan al sur —evitando ser avistados— que era una ruta absolutamente desconocida) antes que a los portugueses. Un todo o nada, pero cuando tus sueños te atrapan de verdad acabas atreviéndote e inspirando a otros a seguirte.

Pero no todos en la nao opinaban igual. El piloto Francisco Albo y el maestre griego Miguel de Rodas quieren volver con la Victoria por el mismo camino que llegaron, y parar en las islas de Maldiva para reparar la embarcación.

El testimonio del grumete Martín de Ayamonte es revelador:

"Un piloto les llevó a Timor por ser monzón [...] y el maestre y el piloto, que eran griegos, querían ir por Malaca, y el capitán, que era vizcaíno (en realidad era guipuzcoano, natural de Getaria), no quiso".

Martín de Ayamonte (nativo de la ciudad fronteriza e hijo de Fernán Martínez y de Marina Lorenzo) se ha convertido en una pieza clave para reconstruir el periplo de la armada. Detrás de este niño, un simple grumete de la nao Victoria, se esconde otra de las maravillosas microhistorias de la aventura. Sobrevivió a todo lo que allí aconteció: el escorbuto, el hambre, la batalla de Mactán y esas traicioneras estacas escondidas en el suelo, la emboscada de Cebú en la que rajaron el cuello a veintiséis españoles… Pese a su corta edad, vio la muerte de cerca muchas veces, pero no quiso enfrentarse a ella una vez más en un océano desconocido.

El 5 de febrero de 1522 Martín junto a otro joven, el soldado Bartolomé Saldaña, abandonaron "sin ser sentidos" la Victoria en la isla de Timor, donde la nave estaba fondeada. Desertaron porque tenían miedo a morir rumbo hacia el oeste, no querían embarcarse en esa travesía suicida, navegando lejos de la costa, sin escalas y comiendo solo arroz hervido en el mejor de los casos. Era una temeridad.

Puede que aquellos dos adolescentes, que habían padecido ya lo indecible pese a su corta vida, no tuvieran el sentido del deber ni el del honor de los demás, pero demostraron un profundo sentido de la supervivencia que los llevó a resistir durante más de quince meses en la soledad de la selva. Tenían la intención de regresar a las Molucas, donde estaba siendo reparada la Trinidad; Ayamonte quería reunirse con un familiar que viajaba en esta nao y que iba a volver a España, no por el oeste como la Victoria, sino por el este. Pero su sueño se truncó al ser descubierto por un navío portugués y fue apresado en la fortaleza de Malaca. Allí es interrogado el 1 de junio de 1522 y un escribano dejó constancia de su declaración.

Este documento terminó en el Archivo Nacional Torre do Pombo, en Lisboa y, aunque fue traducido al portugués moderno en 1933, los historiadores españoles desconocíamos por completo su existencia hasta el año pasado. Es la única fuente que indica que hubo discrepancias en la decisión sobre el rumbo del tornaviaje entre el piloto Francisco Albo y el maestre griego Miguel de Rodas y el capitán Elcano, que se mantiene firme y hace prevalecer su criterio frente a sus principales oficiales. Les espera una misión aún más grande y gloriosa: dar la vuelta al mundo por vez primera.

Afortunadamente cada vez más se reivindica la hazaña y determinación de Elcano. Ya escuchamos menos la coletilla de "la primera vuelta al mundo de Magallanes", como si Elcano simplemente fuera quien completó el viaje, fruto de la inercia de haber recorrido medio globo en ese sentido y por aguas ya conocidas por los portugueses.

La gesta lleva una firma clara: Juan Sebastián Elcano.

> En las empresas es importante atribuir los éxitos al equipo y reconocer las contribuciones individuales más destacables en público. Los que están en posiciones de poder nunca deben atribuirse méritos que no son suyos o su equipo comenzará a despegarse de ellos, con el riesgo de bajada de productividad, mayor número de errores y mayor rotación.

CAPÍTULO 50

No todo el mundo con talento consigue el éxito

"No espere, nunca va a ser el momento preciso. Empiece en donde se encuentra y trabaje con las herramientas que pueda tener a su disposición ahora, y mejores herramientas van a ir apareciendo a medida que usted va avanzando"
Napoleon Hill

Siempre se ha dicho que las oportunidades son como los amaneceres, si esperas demasiado las pierdes. Los nativos insistían que era el momento de zarpar hacia el oeste debido a los vientos favorables, además, Pedro Alfonso de Lorosa los había prevenido de que en cualquier momento podrían llegar los suyos y arruinarían la expedición: había que partir ya.

Cincuenta y nueve hombres van a quedarse en tierra, con Gómez de Espinosa a la cabeza, esperando en Tidore a que la Trinidad fuera reparada: "Con mucho trabajo y mucho peligro la corregimos, y estuvimos en corregilla y en cargalla de clavo cuatro meses en la isla de Tidori" (Carta de Gonzalo Gómez de Espinosa al Rey, fecha en Cochín a 12 de enero de 1525). La gloria no fue para ellos y les esperaba un inmenso calvario además de la pena de haber desaparecido de la historia.

Tidore será la tumba de Juan Lopez Carvalho, el antilíder, que moriría antes de embarcar.

La Victoria carecía de espacio para albergar a las tripulaciones de ambos barcos. También estaba herida de muerte y se veían obligados a achicar agua constantemente. Comprobaron que tenía ya la borda muy baja sobre el agua y por precaución, se redujo la carga de clavo de unos setecientos a unos seiscientos quintales —unas veintisiete toneladas—.

La tripulación se dividió entre los dos barcos y cada hombre decidió (aparentemente) en cuál embarcar. Pigafetta partirá en la Victoria, no por afinidad con Elcano —al que ningunea en su extensa crónica del viaje— sino alentado por el deseo de dar la vuelta al mundo (¡alerta *spoiler*!: efectivamente será uno de los dieciocho supervivientes).

Se dispone que la Victoria zarpe de inmediato para regresar a España y dar nuevas al rey. Tomará rumbo oeste, mientras que la Trinidad, una vez reparada, realizará un tornaviaje regresando por la misma ruta de ida (aconsejados por los moluqueños) ya que tendrían condiciones más favorables hasta el Darién, territorio amigo (actual Panamá y la costa española más próxima), donde Núñez de Balboa había descubierto tan solo tres años antes el mar del Sur (Pacífico). Su nave, aunque reparada, no resultaba fiable y lo más sensato era arribar a puerto seguro, allí esperaban encontrar a Andrés Niño y Gil González Dávila (coincidieron en Sanlúcar de Barrameda mientras pertrechaban una armada para viajar hasta Panamá) que, sin duda, les ayudarán a trasportar por tierra la preciada mercancía de clavo en camellos.

Almansur le proporcionó a Elcano un piloto local para ayudarle a bajar tan al sur como pudiera, hasta zafarse del traicionero monzón y encontrar vientos favorables hacia el cabo de Buena Esperanza. También puso a sus hombres a disposición de la Trinidad, asegurando "que no sufrirían fatiga ni trabajo excepto por los dos de ellos que dirigieran el trabajo de los carpinteros". Después de tantas penurias, traiciones y sinsabores, la lealtad y la generosidad del rey conmovió a los españoles: "Pronunció estas palabras con tanta sinceridad que nos hizo llorar a todos" (Pigafetta).

Esta es su crónica: "El rey pareció que se afectaba vivamente con este contratiempo, hasta el punto que se ofreció él mismo para ir a España y relatar al rey lo que nos sucedía; pero le respondimos que, teniendo dos navíos, podríamos hacer el viaje con la Victoria sola, que no tardaría en partir aprovechando los vientos de levante que empezaban a soplar; durante este tiempo carenarían la Trinidad, que podría aprovechar los vientos de poniente para ir a Darién, al otro lado del mar, en la tierra de Yucatán. [...] Hubo algunos que prefirieron quedarse en las islas Maluco mejor que volver a España, ya por temor de que el navío no resistiera tan largo viaje, ya porque el recuerdo de lo que sufrieron antes de llegar a las Maluco les amedrentase, pensando que morirían de hambre en medio del Océano. [...] El sábado, 21 del mes [de diciembre] día de Santo Tomás, el rey nos trajo dos pilotos, que pagamos por anticipado, para que nos condujeran fuera de las islas. Nos dijeron que el tiempo era excelente para el viaje y que debíamos partir cuanto antes; pero tuvimos que esperar a que nos trajesen las cartas que nuestros compañeros que se quedaban en las Maluco mandaban a España, y no pudimos levar anclas hasta el mediodía. Entonces, los barcos se despidieron con una descarga recíproca de artillería; los nuestros nos siguieron en su chalupa tan lejos como pudieron, y nos separamos, al fin, llorando", Pigafetta.

Resulta imposible pensar en el momento de la despedida sin sentir un nudo en el estómago. Los capitanes Elcano y Espinosa nunca volvieron a verse. La Victoria, con un destino incierto, y la Trinidad, con su resignación plomiza. El olvido o la gloria. ¡*Alea jacta est*! Que Dios se apiade de vuestra alma.

Eran plenamente conscientes de lo difícil que era que ambas tripulaciones tuvieran éxito y volvieran a reencontrarse. Fue el momento de entregar cartas y recuerdos para los familiares (como relata Pigafetta): Jorge Morisco (intérprete de árabe que embarcó como criado de Magallanes) le dio a Elcano una palma hecha de hilo y clavo para Beatriz Barbosa, que personalmente Elcano intentó entregar a la viuda de Magallanes pero, lamentablemente, ella ya había fallecido.

El maestre Juan Bautista de Punzorol se quedó en Ternate con la Trinidad. Se le conoce como el Piloto Genovés, pues así firmó la breve crónica del viaje que nos dejó escrita. Su hijo Domingo, marinero, quiso ser de los primeros en dar la vuelta al mundo y eligió ir con Elcano. El pobre no soportó la dura travesía y murió en el golfo de Guinea. De haber aguantado tan solo unos días más, quizá no hubiera muerto porque llegaron a Cabo Verde y consiguieron provisiones. El padre tampoco sobrevivió a su travesía.

> Dicen que perder es muy fácil, pero no es cierto. Los fracasos no se perdonan y te estigmatizan de por vida. Debemos inspirarnos en la mentalidad americana donde si no has fracasado, al menos un par de veces, eres sospechoso. Los errores se valoran como aprendizajes, y son la señal inequívoca de que lo has intentado. La única manera de crecer es solucionar o, al menos, aprender de tus propios fracasos.

CAPÍTULO 51

Reilusionarse: proyecto redondo a la vista

> "Nunca se escribió nada de los cobardes"
> Ángel Rielo

Por fin, el 21 de diciembre de 1521, la Victoria zarpa con cuarenta y siete tripulantes y trece indios a bordo. Subirse a aquella nave era todo un acto de fe: les esperaban siete meses, exactamente doscientos once días de navegación desde Indonesia a casa, con una sola parada trágica de tres días. Quizás no sabían bien cómo hacerlo, pero estaban resueltos a lograrlo. Todo un ejemplo de liderazgo natural, valor y determinación.

Después de una singladura condicionada por la desventura —donde todo lo que podía salir mal acabó peor— vuelven a sentir la ilusión. Han llegado a la Especiería, la misión está cumplida, pero ahora están focalizados ya no solo en regresar sino en hacer historia.

El cambio de las circunstancias, el riesgo y valorar las oportunidades forman parte de cualquier aventura que implique innovación. Tienen por delante un gran desafío, difícil sí pero no imposible. Nada realmente trascendente en la historia se ha logrado sin dos ingredientes esenciales: ilusión y coraje.

La ilusión es uno de los principales motores del ser humano. Es normal —por la rutina, las decepciones, contratiempos…— sentir agotamiento por los proyectos y ganas de abandonar. Todos, en determinadas épocas de nuestra vida, vamos a necesitar un estímulo para volver a ilusionarnos, a conectar nuevamente con el trabajo o las relaciones, a disfrutar de lo que hacemos y recuperar la ilusión en nuestro día a día.

Estos hombres (con un arrojo inquebrantable y un ingente sentido del deber) cambiaron el rumbo de la Humanidad.

> En las empresas actuales hablamos de la misión, visión y valores, pero muchas veces son de "copia y pega", o han sido vendidos cien veces por las mismas superconsultoras que asesoran a las empresas de mayor tamaño.
>
> A nivel personal hablamos de propósito, cada uno debe encontrar su "para qué" y buscar empresas o trabajos que estén alineados con él. Pasamos en el trabajo la mitad de nuestra vida y si este no nos satisface, mal vamos.

CAPÍTULO 52

El trágico destino de la nao Trinidad

>"La línea que separa el éxito del fracaso puede ser efectivamente muy delgada"
>Shackleton

Es inevitable sentir una tristeza inmensa al pensar en el destino de la nave capitana. La suya es una historia de sacrificio sin recompensa, sin duda, son los grandes héroes olvidados en la memoria colectiva. El intento de tornaviaje estuvo plagado de contratiempos e infortunios, su pesadilla no acababa nunca.

A comienzos de abril la Trinidad estaba por fin reparada, y se cargó con unos mil quintales de clavo —doscientos menos que antes—. El 6 de abril zarpó con cincuenta y cinco hombres, dejando a cuatro al cargo de un depósito de clavo y varias piezas de artillería. Pedro Alfonso de Lorosa (el portugués de la isla vecina que tan valiosa información sobre los portugueses dio) se suma a la tripulación.

Espinosa está al frente como capitán (recordemos que era un soldado, no un marino) y Ginés de Mafra al mando náutico. También contaban con Juan Bautista de Punzorol, gran piloto que se acababa de despedir de su hijo Domingo (que volvió con Elcano en la Victoria). Jamás volverían a verse.

Juntos dirigieron la nao por el Pacífico hasta el paralelo 42 norte, siguiendo la corriente de Kuro Siwo en una ruta de vientos que era generalmente favorable, pero a finales de agosto —a unas quinientas leguas (2.750 kilómetros)— se desató una furiosa tempestad de doce días de duración que dejó la Trinidad malherida e ingobernable. Son doce días sin poder cocinar, han de desvestir los palos, desmontar los castillos de proa y popa, y los toldos para dejar a ras la cubierta.

Las muertes por escorbuto, frío e inanición se estaban cebando ya con la tripulación (treinta y uno de los cincuenta y cinco hombres en total que perdieron la vida en el tornaviaje) y tras el durísimo intento de regresar a casa, no tuvieron más remedio que rendirse ante la evidencia y poner rumbo de vuelta a las Molucas. Son ya cinco meses y aún quedaba mucho tramo "arando la mar" según palabras del propio Espinosa al rey. En el regreso encuentran vientos favorables y avanzan a buen ritmo, pero el goteo de muertes es imparable. Según la crónica de Oliveira, "ni podían izar la vela, que dejaron a medio mástil por más no poder".

Por primera vez, que se tenga constancia, se realiza una autopsia a bordo. Están tan angustiados por esa rara enfermedad que asola a los hombres (escorbuto), que abren a un cadáver para tratar de saber más acerca de la afección.

León Pancaldo y el maestre Juan Bautista de Punzorol hablan de las durísimas condiciones: "Antes que Señor allegásemos a las tierras de los reyes del Maluco, nos murieron treinta y siete ombres, y no quedaron en la nao más que seys ombres que podiesen trabajar, los cuales Señor, dieron la vida a los otros". En "As Gavetas da Torre do Tombo, maço XVII", 6-24, nº 4203. Se trata de una carta dirigida a Carlos V por Juan Bautista de Punzorol y León Pancaldo desde Mozambique.

El fracaso de la misión —navegando por el Pacífico y "deshaciendo el camino"— pone de manifiesto lo acertado de la decisión de Elcano de volver por el lado portugués.

Los portugueses los apresaron cerca ya de Ternate, con tan solo diecisiete supervivientes a bordo, extremadamente debilitados, sin fuerzas siquiera para arrojar a sus muertos por la borda: "Cuando llegaron los portugueses a la nao de los nuestros, ya en la cubierta della había algunos muertos, y los vivos eran tales que no los podían echar fuera para sacarlos a la mar" (Ginés de Mafra). Remolcaron la nao hasta Ternate, que llegaba en las mismas deplorables condiciones que la tripulación, y acabaría hundiéndose al descargarla.

Como era de esperar, los portugueses arrasaron con el clavo y, lo que es peor, requisaron los libros y derroteros que portaba la Trinidad, incluyendo el diario de Magallanes que se perdió para siempre. Era una información privilegiada, clasificada como "secreto de Estado" además de documentos de incalculable valor histórico: libros del astrólogo San Martín, planisferios de Pedro Reinel... Lo que hoy en día sería espionaje industrial de alto nivel.

Pedro Alfonso de Lorosa, el portugués que se había embarcado en Timore y que tanto les ayudó, fue inmediatamente ejecutado por traidor cortándole la cabeza.

Siguieron más de cuatro años de terrible cautiverio y trabajos forzosos (cinco meses recluidos en una jaula como animales en la isla de Banda y cinco en Malaca, ambas en Indonesia, dos años más en Cochin, en la India, donde continuaron su triste peregrinar hasta la cárcel de Limonejo, en Lisboa). Solo cuatro hombres van a sobrevivir a la extrema dureza de las represalias.

Uno de ellos consiguió volver a España por sus medios —gracias a su astucia— a bordo de una nao portuguesa: el marinero Juan Rodríguez el Sordo (no era realmente sordo, se trataba de un apodo familiar). Los otros tres supervivientes fueron rescatados por mediación del emperador y finalmente regresarían a España en 1527. Son el propio Espinosa, Ginés de Mafra y el piloto genovés León Pancaldo.

La historia de Juan Bautista de Punzorol y del también genovés León Pancaldo es cuanto menos rocambolesca. Tras diez duros meses en Cochin, se cuelan como polizones en la nave Santa Catalina que iba a Lisboa: pero no sabían el uno del otro. Fueron descubiertos en Mozambique y los dejan allí, dado el mal tiempo que dificulta devolverlos a la India. Desde allí logran enviar una carta pidiendo auxilio a Carlos I. Juan Bautista muere, pero Pancaldo de nuevo escapa y se esconde nuevamente como polizón en otra nave. Tras tres días sin comer ni beber, es descubierto. Pese a las amenazas de tirarle por la borda, es trasladado a una cárcel de Lisboa. Nuestro superhéroe falleció años después, con una vida de novela, en el Río de la Plata en 1540. Formaba parte de una expedición a Perú por el estrecho de Magallanes.

La épica se personifica en el jerezano Ginés de Mafra, extraordinario marinero de raza y protagonista de culebrones a su pesar. Compartió destino con su capitán, Gonzalo Gómez de Espinosa, al quedar varados en Tidore con la Trinidad.

Cuando Ginés de Mafra vuelve a su tierra, Palos de la Frontera, allí no le esperaba nadie desde hacía tiempo. Su mujer, Catalina Martínez del Mercado, había rehecho felizmente su vida y se había casado con otro, se había gastado la pensión que le otorgaron por el viaje y había vendido la hacienda conyugal. Ginés intentó recuperar su vida, con denuncia por adulterio y malversación de bienes incluidas. Aquí tenemos un extracto de la demanda interpuesta.

> "Catalina Martínez de Mercado, su mujer le hizo adulterio con otro e se juntó y está con él so color quel dicho Gjinés de Mafra era muerto, e quél le dexo unas casas e otros bienes e hacienda, lo cual ha malbaratado e comido e fecho lo que ha querido del los bienes e me suplicó e pidió por merced que porque él quieire pedir justicia contra la dicha su mujer por el dicho delito e adulterio e bienes".

Desarraigado, enfurecido y triste, decide que su lugar está en el mar y continúa la travesía a otros mundos para nunca más volver. Se alistó con Pedro de Alvarado para unirse a sus expediciones en el Pacífico. Hay indicios de que quizá estuvo en Perú. Con cuarenta y ocho años, en 1542 se alistó como piloto de la San Juan de Letrán en la expedición al Maluco de Ruy López de Villalobos, falleció allí. Había logrado convertirse en uno de los más afamados pilotos de la época.

Todo esto, de una manera retorcida, hasta resulta divertido.

Sabemos que forjó una amistad de por vida con Espinosa durante aquel insalubre cautiverio. La desdicha los hizo hermanos de vida. En 1537 al ser preguntado por su amigo, Gonzalo responde: "Al tiempo que se partió para las dichas Indias el dicho Ginés de Mafra, se despidió deste testigo, e que puede haber el tiempo que ha que está ausente cuatro años, poco más o menos, e que después acá no ha venido, porque si hubiera venido este testigo lo supiera, e no pudiera ser menos" (A.G.I., Indiferente,1963, L.8, folio 281r, Registro: Sevilla).

Otro actor de reparto que esconde una maravillosa microhistoria es Gonzalo de Vigo (Gonzalo Álvarez Martínez). Este marinero vigués fue uno de los tres desertores de la Trinidad, cuando derrotada, decide poner proa de regreso al Maluco. Optan por la incertidumbre de la selva a las represalias de Portugal. La huida se produce —con nocturnidad y alevosía— en agosto de 1522.

Gonzalo pasará cuatro años en la Isla de Guam como uno más, seguramente ostenta el honor de ser el primer gallego emigrante... Contó que sus compañeros de escapada no tardaron en morir.

Al llegar allí el 5 de septiembre de 1526 la expedición de García Jofre de Loaysa (capitaneada entonces por Toribio Alonso de Salazar) este Robinson Crusoe vigués se acercó y los saludó en castellano: "En buena hora vengáis, señor capitán, maestre y la compañía". Andrés de Urdaneta deja constancia del surrealista encuentro:

> "... Hallamos un gallego que se llama Gonzalo de Vigo, que quedó en estas islas con otros dos compañeros de la nao de Espinosa, e los otros dos murieron, quedó él vivo, el cual vino luego a la nao e nos aprovechó mucho porque sabía la lengua de las islas...".

Aunque estaba plenamente integrado, sin duda sentía morriña y no duda en unirse a la flota tras concederle el Seguro Real (es decir, se le indulta ante todo crimen cometido). Su labor como intérprete será impagable y va a desempeñar un importante papel en el conflicto por la posesión de las islas Molucas. Los castellanos logran forjar una alianza con los indígenas, que permanecerá vigente hasta el final de la disputa en 1531, fecha en la que entra en vigor el Tratado de Zaragoza (firmado en 1529) y por el que Portugal "compra" a España las islas... que por derecho siempre le pertenecieron.

Su vida se desenfoca y el rastro de este peculiar gallego se pierde. Desconocemos si Gonzalo formaba parte del grupo de supervivientes de la expedición de Loaysa que regresó a la península en 1536.

> Queda de manifiesto, una vez más, que la adaptación al medio es lo que nos permitió evolucionar como especie. Como dijo Darwin, el factor clave para la supervivencia no es la inteligencia ni la fortaleza sino la adaptabilidad. Gonzalo de Vigo es un grandísimo ejemplo.

CAPÍTULO 53

Fracaso: la cara B de la exitosa empresa

"Aprendemos de los fracasos; no de los éxitos"
Bram Stoker

Gonzalo Gómez de Espinosa es un buen personaje en una mala historia, un secundario soberbio cuyo apellido ha sido injustamente el de "fracaso" y al que es necesario conocer mejor.

Aunque se ignora cuándo nació (seguramente hacía 1479, en Espinosa de los Monteros, Burgos) y cuándo falleció (probablemente en Sevilla hacia 1530), los siete años cruciales de su existencia están bien documentados. Esos intensos siete años (que trascurren desde que embarca en la flota de Magallanes y los posteriores, retenido en insalubres cárceles portuguesas) que le convirtieron en inmortal.

Pese a ser un inexperto marino, pero con unos arrestos indiscutibles como militar, su nombre ha entrado en el Olimpo de la Navegación. Gonzalo aportaba la seguridad —y autoridad— en la flota que tanto necesitaban. Fue uno de los hombres de confianza de Magallanes, junto al que estuvo en Sevilla en los preparativos previos y labores de reclutamiento de la tripulación. Comenzó como alguacil mayor (encargado de mantener y ejecutar la justicia a bordo) en la nao capitana de la expedición, la Trinidad.

Su intervención en aquel lejano ya motín de San Julián fue crucial para abortarlo: no dudó en matar a puñaladas a Luis Mendoza, el capitán rebelde de la Victoria. A él recurrieron también sus compañeros (en democrática elección) para hacer tándem junto a Carvallo en la directiva, tras la trágica emboscada de Cebú que dejó a la flota a la deriva. Fue el hermano mayor, protector y leal, de todos ellos.

Está al mando de la nao Trinidad, que queda en las islas Molucas reparándose, mientras Elcano zarpó camino de la gloria eterna. A su cargo, el destino de sesenta hombres y la responsabilidad de volver a casa.

El intento de tornaviaje fue una verdadera odisea… Sí, otra más. Partieron con muchas esperanzas, pero acabaron lejos de lograr el objetivo. Tuvo muy mala suerte porque el camino seguido fue el mismo que años después —y tras múltiples intentos de conectar Asia con América por otras expediciones— terminó coronando Andrés de Urdaneta. Esta es otra de las jugadas que el destino reservaba para Espinosa: intuir la ruta, pero no lograr completarla. Nadie recordará después que la inspiración de Urdaneta surgió de la Trinidad.

El maldito monzón los maltrataba sin piedad, al igual que el escorbuto y la disentería. La castigada flota, tras verse diezmada, ya no sabía a quién encomendarse. Habían navegado inútilmente durante cinco meses cuando decidieron rendirse y poner rumbo al infierno. Fue una decisión desafortunada, estaban ya muy cerca de la corriente de Kuro-Shivo que los habría llevado a América.

Regresan a las Molucas, a merced de los portugueses y con el capitán Antonio de Brito ("Cabrito", para abreviar) al mando, que no va a mostrar la más mínima consideración ni respeto por sus vidas. Encerrados como perros en jaulas, las bajas se suceden en un incesante goteo.

Portugal había llegado a Ternate solo unas semanas después de la malograda partida de la Trinidad, donde habían levantado un fuerte. Allí los somete a trabajos forzados para, posteriormente, trasladar a los ocho únicos supervivientes a la cárcel de Cochin, en la India.

Solo cuatro regresarán, como ya hemos comentado, a Europa: Juan Rodríguez, que logrará escapar en un barco luso; el artillero noruego Hans Bergen; el piloto Ginés de Mafra, liberado en 1527 en Lisboa tras cinco inhumanos años de cautiverio, y Gómez de Espinosa que, tras dos años, será embarcado rumbo a una prisión en Lisboa.

Es desde aquella cárcel inmunda de Cochin donde logra enviar una conmovedora carta pidiendo auxilio al rey. Milagrosamente aquella misiva (firmada el 12 de enero de 1525) llegó a su destino y aún se conserva. En ella expone la dramática situación y le avisa de que los portugueses están armando una flota hacia las Molucas. El capitán no sabe escribir, pero eso no es impedimento, recurre a un escribano luso (le delatan los "portuguesismos" que incluye) y a la complicidad de Taimón, criado de la hermana del rey castellano, doña Leonor, reina consorte de Portugal.

Siete meses después, la intercesión de Carlos I ante su cuñado, el rey Juan III de Portugal, para la liberación da fruto. Espinosa regresa a España en 1527, cinco años después de la llegada de la nao Victoria.

Ya en casa, será recibido por Carlos I en su feudo de Valladolid. El *welcomepack* sigue siendo el mismo: un escudo de armas pintón y un sueldo vitalicio —que la Corona no tiene intención de pagar y que, al igual que Elcano terminó costando un pleito—. En un alarde de generosidad, también será nombrado visitador y capitán de las naos de las Indias. Esos cargos "taylor made" que a veces se inventan algunos directivos para colocar a los colaboradores cuando no saben qué hacer con ellos y que no tienen ninguna responsabilidad real.

La lealtad de Espinosa fue reconocida —al menos sobre el papel— por Carlos I como recoge el secretario del Consejo de Indias, Juan de Sámano: "Su Maj. y los señores del Consejo tuvieron voluntad de le honrar y hacer merced, porque en la verdad, él sirvió bien a Su Majestad, y como buen vasallo, y así oyó siempre hablar a los que tiene dicho muy bien en su persona". Al igual que ocurrirá con Elcano, ha de pelear por percibir lo prometido.

Aunque sigue teniendo inoculado el veneno del mar y participó en la organización de una nueva expedición a las Molucas (con Simón de Alcazaba al frente), la empresa se canceló tras el Tratado de Zaragoza de 1529 (por el que España "vendía" las Molucas a Portugal… y la moto también, porque legalmente les pertenecía aquel dominio ultramarino por el Tratado de Tordesillas).

Espinosa se establece en Sevilla definitivamente y se aburguesa. Tiene un cargo cómodo y de responsabilidad en la Casa de Contratación que le permite llevar una vida desahogada. Se casó con Juliana de Bobadilla —hija de uno de los primeros conquistadores de Guatemala— y tuvieron un hijo llamado Ruy Gómez de Espinosa.

La última noticia sobre nuestro capitán la encontramos en Santiago de Guatemala donde, muchos años después, un nieto y una biznieta suyos aseguraron que fue uno de los pioneros colonos de aquellas latitudes.

A sus pies, Sr. De Espinosa. Usted en mi equipo, siempre.

Cuando llegas a conocer las circunstancias personales de tus compañeros, sus sacrificios y sus inquietudes, es cuando de verdad pasas a valorarlos como personas y a apreciar lo que hacen como profesionales. Ese conocimiento te permite tomar decisiones más justas y que tu equipo te valore más como líder. Por desgracia, en muchas ocasiones no se tiene el tiempo necesario para ello, y lamentablemente, en otras ocasiones no se tiene la mínima empatía.

Este episodio habla del fracaso, a pesar del esfuerzo y del sacrificio. Lo cierto es que a ninguno nos gusta perder. Nos enseñan a ser competitivos desde pequeños, a vincular derrota con fracaso. Asumir, dejar ir y avanzar es clave para superar los contratiempos. No todo el mundo con talento, pasión y foco consigue su objetivo. Hay muchos aspectos que escapan a nuestro control y eso ha de estar meridianamente presente.

CAPÍTULO 54

Vuelta a casa: el trabajo en equipo y la ilusión como motor

"La estrategia consiste en la consecución de metas ambiciosas a partir de recursos limitados"
C. K. Prahalad

Son solo cuarenta y siete hombres los que van a emprender el regreso en la Victoria, los acompañan trece indígenas, moluqueños la mayoría. Los recursos eran muy limitados y debían aprovecharlos con eficiencia.

En empresas tan exigentes como nuestra armada, no pueden depender del talento de una sola persona. Elcano está liderando la flota, pero desde el principio deja a un lado el "yo" para convertirse en "nosotros". Están escasos de manos y, a medida que avancen, se recrudece la situación. Se hace indispensable la colaboración: todos (o casi todos...) van a aportar valor al grupo, todos (o casi todos...) están conectados con el proyecto, coordinados, hay comunicación fluida y compromiso. Y al parecer, un amago de sublevación también.

13. Tidore, Islas Molucas - Isla de Timor
Salida el 21 de diciembre de 1521 - Llegada el 25 de enero de 1522
Travesía de treinta y cinco días

Analizando las etapas de la expedición, aunque cueste creerlo, cruzar el Pacífico no había sido la peor: regresar resultó aún más duro. La vuelta hacia poniente entrañaba el enorme peligro, nadie antes había surcado aquellas aguas tan alejadas de la ruta comercial portuguesa (conocida como la Carreira da India).

Elcano era muy consciente de la situación, Portugal estaba al acecho. Estaban transgrediendo el Tratado de Tordesillas, firmado hacía ya veintisiete años, al navegar por aguas lusas. La costa africana y algunos enclaves estratégicos de Asia estaban plagados de bases logísticas, al igual que el mar, repleto de naves portuguesas. Y no solo esto supone una amenaza, al tratarse de un barco solitario —y con las bodegas repletas de especias— eran una presa muy apetecible para los depredadores.

Pronto una tempestad pone en jaque la resistencia de la nao, deben arribar a la isla de Mallúa —hoy Pulau Wetar— cerca de Timor para reparar el casco. Fondean el 25 de enero y les esperan quince días de incertidumbre… Las dudas vuelven a poner en riesgo la misión. Los ánimos se caldean.

Dos jóvenes marineros abandonan el barco y salen huyendo: Martín de Ayamonte y Bartolomé de Saldaña, que nadaron hasta la costa aprovechando la oscuridad de la noche. Ya hemos recogido su historia en el capítulo 48 y la importancia del testimonio de Martín. El historiador Martín Fernández de Navarrete habla del episodio en su obra "Historia general de los hechos de los castellanos en las Islas y Tierra Firme del mar Océano que llaman Indias Occidentales" (1601-1615).

> "La isla de Timor es grande con muchas poblaciones: en ella hay sándalo muy bueno, gengibre, mucho oro y tenía muchos enfermos de bubas. Hubo allí una pendencia entre algunos del buque, y ocultamente se fugaron de la nao quedándose en tierra dos individuos de á bordo que eran un grumete nombrado Martín de Ayamonte, y Bartolomé de Saldaña, hombre de armas y page (sic) que había sido del Capitán Luís de Mendoza".

También contamos con el testimonio de Francisco Gómez de Gomara gracias a su "Historia general de las Indias" (1553): "Tocó muchas islas y en Timor tomó sándalo. Hubo allí un motín y brega, en que murieron hartos de la nao". Es el primero que habla abiertamente de levantamiento.

Antonio Brito, capitán portugués de la fortaleza de Ternate que apresó a la Trinidad, escribe una reveladora carta a su rey (firmada en 1523) donde habla de la maltrecha embarcación de Elcano: "Será tan gran milagro ir a Castilla como fue venir de Castilla a Maluco, porque la nao era muy vieja, los mantenimientos ruines, y los castellanos no querían obedecer al capitán". Sin duda era un milagro que la maltrecha Victoria pudiera dar la vuelta al mundo. Elcano llegó a Sevilla antes que esa carta a Lisboa... Pero lo significativo del testimonio es esa frase lapidaria: "los castellanos no querían obedecer al capitán".

Sobre este episodio apenas se habla, parece que hay un intencionado apagón informativo por parte de los supervivientes y una versión pactada de los acontecimientos. Es evidente que en Timor hubo una discusión y se produjeron las deserciones ya comentadas. Otros autores hablan de muertes de varios integrantes de la tripulación. ¿Cuántos? ¿Fue un intento de sublevación? Silencio.

Prosiguen la marcha, la navegación se vuelve lenta con un viento flojo que luego rola y ayuda al maltrecho ánimo de los marineros. Durante varios días recorren el archipiélago de las Molucas, y recogen muestras de otras especias para llevarlas al emperador. Hay tantas islas que durante las noches se ven obligados a permanecer al pairo y vigilantes para evitar embarrancar.

Pigafetta nos relata las penurias de esta primera etapa del viaje: "Puesto que teníamos muy pocas cosas, y el hambre ya estaba constriñéndonos, retuvimos en el barco a un jefe de otra aldea y a su hijo". Cambiaron los rehenes por animales: había que abastecerse, costara lo que costara. Están en modo supervivencia y ya nada importa.

En las primeras horas del miércoles 11 de febrero, la Victoria levó anclas rumbo a Java. No paran demasiado tiempo allí, y a los once días parten hacia el inmenso océano.

Quedan veinte mil interminables kilómetros por delante.

CAPÍTULO 55

La ejecución es más importante que la idea: movilizar a la gente y llevarla a cabo

> "Una brújula no dispensa de remar"
> Maurice Nédoncelle

14. Isla de Timor - Islas de Cabo Verde
Salida el 7 de febrero de 1522 - Llegada el 10 de julio de 1522
Travesía de ciento cincuenta y tres días

Durante los cinco meses que navegan en el océano Índico, más allá de la soledad y la debilidad, su miedo es encontrarse con los portugueses, que los buscan sin tregua por todos los mares. Derrotan hacia el suroeste alejándose de la costa (y de la ruta portuguesa). Tanto bajan que estarán a punto de descubrir Australia, que no fue descubierta —oficialmente— hasta el 1770, doscientos cuarenta y ocho años más tarde.

El mar se va volviendo cada vez más hostil. Al cabo de mes y medio de travesía divisan a lo lejos una isla, pero no encuentran fondo en ella y tienen que continuar viaje sin detenerse: es la isla de Ámsterdam, inhóspita y que aún permanece deshabitada. Los vientos y las corrientes no van a ser favorables casi en ningún momento en el Índico.

Aunque habían conseguido abastecerse, las provisiones empiezan a estropearse. Al no encontrar sal en Timor, la carne no está muy bien conservada y, bajo el implacable sol del Índico, se pudre. Se ven obligados a arrojar al agua gran parte de los alimentos frescos.

Se plantean el hacer escala en Mozambique, pero según Pigafetta, prefieren "su honor a su vida". Después de tres años de penalidades, estaban decididos a volver a casa vivos o muertos. "Hallándose la mayor parte de la tripulación inclinada más al honor que a la vida misma, determinamos hacer cuantos esfuerzos nos fuera posible para regresar a España". Pese a que la mayoría de ellos están ya enfermos, su idea de alejarse de la costa es firme, y enseguida deciden continuar sin haber tomado tierra: "Tomamos la vuelta de la mar por estar en nuestra libertad", dice Albo.

Los vendavales les hicieron perder días y ganar desconfianzas, se llegan a plantear incluso el arrojar por la borda la carga de clavo, pero deciden no hacerlo. Buscan la gloria, y no quieren regresar sin su preciado cargamento. El 10 de enero de 1522 una gran tromba de agua amenaza con escribir el final de su historia. Se encuentran impotentes, debilitados, incapaces de luchar con la furia de la naturaleza: no queda más remedio que rezar. De nuevo, una "señal divina": el fuego de San Telmo se manifiesta en los mástiles. Allí, sellaron la promesa de ir en procesión a la ermita de Santa María de la Victoria si llegaban a Sevilla. Y la tormenta pasó.

Se adentran en una de las zonas del océano más peligrosas del mundo: el cabo de Buena Esperanza conocido también como el cabo del Miedo o de las Tormentas. Vientos que se encañonan y el encuentro furioso de las dos grandes masas de agua —Atlántico e Índico—, con sus peligrosas corrientes imposibles para la navegación.

Doblar el cabo de Buena Esperanza fue realmente duro y una demostración, una vez más, de su valentía, pundonor y coraje. Descienden al temperamental paralelo 40, donde les esperan grandes vientos y corrientes contrarias que les devuelven hacia el este. Es la temible franja de los Rugientes Cuarenta, (usada posteriormente por los ingleses para hacer el viaje a Australia en dirección este, es decir, en sentido contrario y favorable). Llegaron a pasar ocho días amainados en dos episodios diferentes de fuertes borrascas, con gran frío y muy mala mar. Elcano decidió abandonar este paralelo y subir al 36. Muchos días, el viento les obligaba a ceñir contra él, navegando en zigzag. Una aventura y desventura constantes.

Las corrientes contrarias desvirtúan las mediciones de velocidad que van tomando. El 4 de mayo piensan que han sobrepasado ya el cabo de Buena Esperanza y ponen rumbo noroeste creyendo estar en el Atlántico. Dan con la costa tres días después, la decepción es inmensa. Intuyen que pueden estar a la altura del río Infante —el Gran Río Fish en la actualidad, en la costa de Sudáfrica— (los españoles jamás habían surcado aquellas latitudes, lo que pone de manifiesto que portan cartas portuguesas).

La nave estaba maltrecha, la violencia del mar les hizo partir el mástil y la verga del trinquete, cuesta mucho maniobrar y seguir avanzando, además se veían obligados a achicar agua durante cinco horas al día y seguían sin lograr superar el cabo de Buena Esperanza.

Por fin, el 19 de mayo de 1522 —tras una durísima navegación bajo la furia inclemente del sol abrasador y las tormentas— consiguen doblar el cabo de Buena Esperanza. Pasaron a ocho leguas (cuarenta y cuatro kilómetros) de él. Ya están en el Atlántico. Nueve semanas hicieron falta para poder salvarlo con olas de veinte metros y vientos de hasta cien kilómetros por hora. La hazaña es increíble, pero aún están a medio mundo de Sevilla.

Como dato, el cabo se salvó por primera vez en 1488 por Bartolomé Díaz y nueve años después fue Vasco da Gama quién logró superarlo. Los grandes marineros se forjan en las grandes tormentas.

Sin duda, saber que algo —por increíble que parezca— se ha hecho ya antes, es una motivación. Algo dentro de ti te dice que tú también puedes. Lamentablemente, cuando pensamos que un reto es inalcanzable dejamos de intentarlo.

Exígete, supérate y ponte objetivos desafiantes, ve siempre un poco más allá hasta rozar lo imposible.

CAPÍTULO 56

Asumir riesgos: toma de decisiones

"Asumir riesgos y fracasar son partes fundamentales del proceso de aprendizaje en nuestro viaje hacia el éxito"
Jordi Alemany

La tripulación sabe bien, por experiencia, que la diferencia entre tenerlo todo y no tener nada cambia en cuestión de segundos.

Una vez superado el cabo de Buena Esperanza, comienza la cuenta atrás para llegar a casa remontando el Atlántico. Los vientos son muy favorables y avanzan a buen ritmo (pese a no contar con el trinquete, recorren tres mil kilómetros en diez días), se registra la mayor velocidad en tres años de navegación gracias a la corriente de Benguela.

En las bodegas solo hay un inmenso cargamento de clavo (¡contiene vitamina C y hubieran sobrevivido al escorbuto!), pero las despensas están vacías. Se sustentan a base de arroz hervido en agua de mar. Hasta el 12 de mayo no se registra ninguna muerte, pero desde este día el goteo es incesante: se registran muertes los días 12, 13, 17, 18, 20 de mayo, 1 de junio, 7, 8, 9... A este ritmo morirán todos pronto. Treinta y uno (de los cuarenta y siete españoles —y tres de los trece indígenas—) sobreviven cuando el maltrecho barco se acerca, por fin, a las islas de Cabo Verde. Es el 9 de julio y llevan cinco meses de exigente navegación ininterrumpida.

De nuevo Pigafetta nos sorprende con sus reflexiones: "... Perdiendo en este intervalo veintiún hombres, entre cristianos e indios, al arrojarlos al mar, notamos una cosa curiosa, y fue que los cadáveres de los cristianos quedaban siempre con el rostro vuelto hacia el cielo, y los de los indios con la cara sumergida en el mar. Carecíamos totalmente de víveres, y si el cielo no nos hubiese acordado un tiempo favorable, habríamos todos muerto de hambre".

El mar maltrataba el barco sin tregua día y noche, impidiendo a la exhausta tripulación descansar. La muerte y la enfermedad habían diezmado a la marinería y la productividad se ve inevitablemente mermada, pero el compromiso es máximo. Es necesario redoblar esfuerzos, la presión es muy grande, se hace indispensable achicar agua ininterrumpidamente de la sentina, haciendo el trabajo extra de los caídos y de los enfermos.

Puedes tener resultados o excusas, pero nunca ambas al tiempo: trabajan en equipo, han ganado flexibilidad y son capaces de corregir el rumbo con agilidad y de pasar al plan B o al C o a los que hicieran falta. Habían llegado demasiado lejos como para sucumbir ahora. Es lo que Richard St. John denomina *relentless forward motion*: un movimiento implacable hacia delante, ordenar a la mente continuar, siempre ir un poco más allá. El éxito consiste en no detenerse.

Elcano se ve obligado a tomar una decisión contraria a sus intenciones: acercarse a la costa para avituallarse. Tiene la responsabilidad de sacar vivos a sus hombres de allí, que han dado sobradas muestras de su férrea voluntad.

Están cerca de Guinea, pero tienen muy mala suerte y la providencia dicta que solo encuentren zonas impracticables de manglares que les impiden acercarse a tierra firme. Persisten del 14 de junio al 1 de julio costeando infructuosamente en busca de un lugar donde fondear, hacer aguada y abastecerse de alimentos. Y las muertes siguen. Y el calor asola. Y empieza la sed, ya no solo sufren las consecuencias del hambre.

El 1 de julio tiene lugar otro momento de liderazgo democrático, Elcano somete a votación qué hacer: continuar a España sabiendo que quizá mueran en el intento o recalar en territorio enemigo y parar en Cabo Verde. Pigafetta: "Este día llamamos la gente para que diesen sus pareceres para ir a las Islas de Cabo Verde o en tierra firme por tomar mantenimientos, y así deliberamos de ir a las islas y tomamos por más votos". Cuando haces una elección cambias el futuro.

Es en este momento de la travesía cuando Domingo, hijo del maestre de la nao Trinidad, Juan Bautista de Punzorol, no puede más y fallece antes de llegar a tierra. Se había despedido de su padre con la ilusión de ser uno de los primeros en dar la vuelta al mundo. En realidad, la circunnavegación ya estaba completada porque aquí es donde viró la armada rumbo al Nuevo Mundo tres años antes. ¡Bravo, Domingo!

> Cuando implicas a tu equipo en la toma de decisiones y se alcanza un consenso, la motivación mejora y el compromiso se dispara. Las personas se sienten más valoradas, más felices, las quejas disminuyen y el rendimiento aumenta.

CAPÍTULO 57

Es más importante solucionar el problema que buscar un culpable

> "Hacer grandes cosas es difícil, pero ordenar grandes cosas lo es aún más"
> Friedrich Nietzsche

El 9 de julio de 1522 llegan a las islas de Cabo Verde. La Victoria echa el ancla en Ribeira Grande, en Isla Santiago, y parte de la tripulación —los trece con mejor aspecto para no levantar sospechas— desembarcan en un batel para abastecerse. Van con los deberes hechos y en un impecable "elevator pitch" relatan que regresaban de América cuando un fuerte temporal los dejó maltrechos. Se trataba de un suceso improbable, pero no imposible. Los portugueses socorren a los expedicionarios y les suministran alimentos y agua.

Los locales les aseguran que es 10 de julio, mientras que según sus cuentas es día 9. "Después supimos que no existía error en nuestro cálculo, porque navegando siempre hacia el oeste, siguiendo el curso del sol y habiendo regresado al mismo punto, debíamos ganar veinticuatro horas sobre los que permanecían en el mismo sitio y basta reflexionar para convencerse de ello" (Pigafetta). En su diario, el piloto Albo anotó: "A los 9 del dicho (julio-1522) no tomé el sol, y surgimos en el puerto de Río Grande (Ribeira Grande de la Isla de Santiago de Cabo Verde) y este día fue miércoles, y este día tienen ellos por jueves; y así creo que nosotros íbamos errados en un día y estuvimos hasta el domingo en la noche, e hicimos a la vela por miedo al mal tiempo y travesía del puerto". Es la misma historia que, siglos más tarde, contó Julio Verne en su "Vuelta al mundo en ochenta días".

Herrera, el historiador decimonónico, lo cuenta así: "Tardaron en ir, i venir, tres años, menos catorce dias; erraronse un dia en la cuenta, i asi comieron Carne los Viernes, i celebraron la Pascua en Lunes…".

Y de nuevo, otra sacudida del destino: "… uno de los marineros reveló nuestro secreto, diciendo que el comandante en jefe era muerto y que nuestra nave era la única de la escuadra de Magallanes que regresaba a Europa". Son las palabras de Pigafetta, otras versiones apuntan a que quisieron comprar esclavos para ayudarles en sus tareas a bordo y, al pagar con clavo, se delataron. Fuera como fuese, los trece que bajaron a tierra fueron apresados por los portugueses.

Entre los rehenes estaban Martín Méndez (contable de la flota), Ricarte de Normandía, (carpintero), Roland de Argot (artillero), cuatro marineros, Vasquito Gallego (un aprendiz de marinero) y dos pasajeros más.

Vasquito era un niño de unos siete u ocho años cuando embarcó. Y sobrevivió. De regreso a España era, con once años, uno de los hombres más curtidos y que más horribles vicisitudes había experimentado de todo el país. Su pequeña vida resulta gigante.

Fue el único que no cobró sueldo directamente —de quinientos maravedíes— sino a través de su madre, lo que demuestra que no tendría capacidad jurídica aún. Su padre quiso que le acompañara como paje para forjarse como marino. Ambos embarcaron en la nao Victoria.

Hijo de Vasco Gallego (probablemente el apellido denota su lugar de origen), aquel piloto de la Casa de Contratación muerto durante la exigente travesía por el Pacifico (poco antes de llegar a la isla de los Ladrones, lo que, sin duda, le hubiera salvado la vida), y al que cuidaron entre todos. En los momentos más duros, se fueron los muy necesarios.

Son personajes capitulares, casi anónimos, pero las empresas las conforman sus empleados y estas historias esperaban a ser contadas. Y Vasquito es uno de esos personajes que te robará el corazón y del que te costará reponerte.

Elcano tiene que largar velas inmediatamente, emprendiendo así la huida y dejando atrás a sus compañeros, es el 15 de julio de 1522.

Solo quedaban veintiún hombres útiles y aún morirían tres más. Son muy pocos para gobernar la nao, pero tendrán que arreglárselas. Decide poner proa rumbo sur y despistar a los portugueses. Lo fácil habría sido tomar un derrotero dirección norte, la ruta más corta hacia España.

Tan solo treinta y siete días después de que lo hiciera la nao Victoria, llegaron a España nueve de los apresados porque Elcano se lo imploró al rey. Los últimos tres aún tardaron en hacerlo cinco meses y veintidós días.

> En esos momentos de crisis, puedes perder el tiempo lamentando el error y buscando un culpable, o concentrarte en buscar una solución y tomar decisiones. ¡Cuánto tiempo se pierde muchas veces en las empresas en lo primero!

CAPÍTULO 58

Haciendo historia

"Un líder es un repartidor de esperanza"
Napoleón Bonaparte

**15. Islas de Cabo Verde - Sanlúcar de Barrameda
Salida el 13 de julio de 1522 - Llegada el 6 de septiembre de 1522
Travesía de cincuenta y cinco días**

El 14 de julio de 1522 fallecía el grumete Andrés Blanco. El penúltimo fallecido, y lo hizo muy cerca de casa ya que había embarcado en las islas Canarias. Solo quedan veintidós personas a bordo, muy pocos para gobernar la nao, sin fuerzas, enfermos y escondiéndose de los portugueses que los siguen de cerca.

Las últimas millas son agónicas, no se acercan a Canarias porque los alisios lo impiden (imaginamos que también jugaban al despiste con Portugal) y suben más en la maniobra "volta do mar", continúan dirección noroeste rumbo al archipiélago de las islas Azores. Pese a ser territorio portugués, ya no entrañaba peligro al ser la ruta habitual en las travesías de regreso desde América.

Esteban Villón (o Bretón) tuvo el triste honor de ser el último muerto de la expedición, falleció el 6 de agosto de 1522 cerca de las Azores. Era natural de Le Crosic (Francia).

No hacen escala en Galicia, quieren culminar la gesta llegando al punto de partida. Están ya en agosto y el anticiclón de las Azores les deja sin viento a los pocos días. Pasan una semana sin apenas avanzar ya muy cerca de la gloria, pero la desesperación y el agotamiento por el trabajo incesante con las bombas de achique les están dejando exhaustos. Están al borde del colapso por el hambre, el cansancio y la sed. Saben que la supervivencia del grupo dependía de un trabajo en equipo excepcional: el compromiso y la colaboración no decaen, cada uno aporta lo que puede.

Al fin, el 4 de septiembre divisan el cabo de San Vicente. Dos días después, el 6 de septiembre de 1522 entran por la bocana del puerto de Sanlúcar de Barrameda los despojos de la flamante armada. Aquella embarcación ajada, con el velamen hecho jirones y los aparejos podridos, había vivido la aventura de su vida: han conseguido no solo seguir a flote sino hacer historia.

El éxito ha sido posible cuando se han unido todos, el trabajo en equipo ayudó a conseguir mucho más de lo imaginado. El fracaso, por el contrario, suele darse en soledad.

Elcano había heredado una flota hundida, con la tripulación diezmada y sin un plan B. Decidió apostar por una de las decisiones empresariales más arriesgadas de la Historia. Ha sido un gran líder capaz de formar equipo, de infundir como nadie ilusión, ánimos y coraje pese a las terribles adversidades. Han pasado lo indecible, pero con unos arrestos excepcionales, han logrado su objetivo. El triunfo ha sido cuestión de esfuerzo, no de suerte. Y ya que hablamos de liderazgo, hay que hacerlo de equipo, que ha respondido sin reservas hasta el límite de sus fuerzas, aunque siempre tiene que haber alguien que vaya por delante: Elcano, sin duda, fue el hombre clave de la empresa.

"Empieza por hacer lo necesario, luego lo que es posible y, de pronto, te encontrarás haciendo lo imposible" (San Francisco de Asís); aunque suena muy a mensaje de taza… no por ello es menos válido.

> Solo el sufrimiento que tuvieron que padecer, el sobresfuerzo y la férrea voluntad de los cincuenta días de este capítulo, son ya una lección para todos los que se quejan a veces de lo duro que es emprender o llevar a cabo ciertas tareas en sus empresas.
>
> Sobrecoge imaginarse a estos hombres tras tres años de dura aventura, viendo morir a sus compañeros en un goteo incesante por el agotamiento y la falta de alimentos, al límite de sus fuerzas y realizando las durísimas tareas de achique. Pese a todo, su determinación fue innegociable: mantienen rumbo fijo en el objetivo y acuerdan no parar en Canarias, ni en Galicia. Toda una fuente de inspiración que deja pequeñas grandes hazañas contemporáneas.

Píldora de Luis Pasamontes.
Ver vídeo con contenido adicional:
https://youtu.be/O5JIHIJ7_hg

CAPÍTULO 59

Llegada de los héroes

"Si tus acciones inspiran a otros a soñar más, a aprender más, hacer más y convertirse en algo más, entonces eres un líder"
John Quincy Adams

16. Sanlúcar de Barrameda - Sevilla
Salida el 6 de septiembre de 1522 - Llegada el 8 de septiembre de 1522
Travesía de dos días

Corría el año del Señor de 1522, cuando aquel 6 de septiembre los sanluqueños ven acercarse un barco fantasma, fuertemente escorado y desarbolado. Asoman dieciocho escuálidos hombres que dicen ser los supervivientes de la armada de Magallanes (¡por fin orgullo de pertenencia!) que regresan de haber dado la vuelta al mundo y vienen cargados de especias. Los acompañaban tres indios de las islas Molucas (de los trece que habían embarcado en Tidore nueve meses atrás).

Después de tres años, y las noticias alarmantes que trajo la desertora San Antonio, nadie los esperaba. Pronto se corrió la voz de la llegada de los héroes y todo el pueblo sanluqueño se volcó en la bienvenida, muy conscientes de que aquel momento histórico no lo iban a olvidar.

Al acercarse la nave a la bocana tuvieron dificultades debido a su calado y los fondos de arena poco profundos. El batel (barca auxiliar de remos) se había perdido en Cabo Verde, fue necesario responder con agilidad al contratiempo y se contratan los servicios de Pedro Sordo del pago de Sanlúcar, que los remolca hasta Barrameda. Cobró por ello la suma de 525 maravedíes.

Cabe destacar la enorme capacidad organizativa de la Casa de Contratación, que actuó con una extraordinaria diligencia para asistir a los maltrechos expedicionarios. Al día siguiente de llegar, el 7 de septiembre, el puerto sanluqueño realiza con eficiencia las gestiones urgentes para invertir en un barco grande de seis remos (la Valerosa) por el que se abona la cantidad de quince ducados. Servirá para remolcarles Guadalquivir arriba hasta Sevilla, sin más demora, ya al día siguiente. También se contrata una dotación de quince peones (está registrado el pago de 1.208 maravedíes) para achicar agua de la bodega y sentina (que tardaron veintiséis días en vaciar) y para asistir a los supervivientes "porque la gente della venía enferma y poca" como se recoge en los documentos.

Orgullosos de su gesta, quieren continuar hasta Sevilla, de donde partieron tres años y veintiocho días atrás, la "legua cero" de su travesía. Son remolcados durante dos días en la travesía del Guadalquivir y la tripulación, por fin, coronaba el viaje "redondo" en el puerto de las Muelas.

Épica y renqueante, la Victoria entra al puerto de Sevilla fundiendo en salvas la poca pólvora que les quedaba. En sus bodegas descansa un preciado cargamento de veintisiete toneladas de clavo —una increíble fortuna para la época— pero, tal como cuenta Elcano al emperador Carlos V en la carta que le escribe anunciando su regreso, "... aquello que más debemos estimar y tener es que hemos descubierto y dado la vuelta a toda la redondeza del mundo". Sin duda, entendía el valor de una buen frase.

Tenían claro con quién estaban en deuda y, lo primero que hacen, es cumplir la promesa hecha a la Virgen durante aquella amenazante tempestad que casi termina con ellos cerca de Timor. Desembarcan uno a uno en procesión, descalzos y con cirios en la mano, hasta la iglesia de Nuestra Señora de la Victoria, en Triana, para dar gracias. Elcano abría la marcha y detrás de él, Francisco Albo, piloto, Miguel de Rodas, maestre, Antonio Pigafetta, cronista, Hernando Bustamante, cirujano, Juan de Acurio, contramaestre desde las islas de Cabo Verde, Hans de Aachen, artillero, y los marineros Diego Carmona, Miguel Sánchez, Francisco Rodríguez, Juan Rodríguez de Huelva, Antonio Hernández Colmenero, Juan de Arratia, Juan de Santander, Vasco Gómez Gallego y Juan de Zubileta.

Eterno agradecimiento a todos ellos.

Sevilla entera se acercó al puerto para darles la bienvenida. Los ciudadanos les abren paso a través de las calles, entre vítores y aplausos. Según los registros de la Casa de Contratación, los supervivientes donaron una auténtica fortuna, unos 86.000 maravedíes, a los monasterios de Nuestra Señora de la Victoria y de Santiago de la Espada.

Los triunfos hay que celebrarlos, por ello, para festejar ese momento histórico, la Casa de Contratación sufraga la primera comida de verdad en mucho tiempo: doce arrobas de vino, setenta y cinco hogazas y roscas, y un cuarto de vaca. Fue el final perfecto para un día perfecto.

> Una vez más comprobamos cómo los grandes éxitos rara vez son fruto de una sola persona.

CAPÍTULO 60

Querido Rey: acabamos de dar la vuelta al mundo (carta de Elcano a Carlos I)

> "Debemos crear organizaciones donde todas las ideas tengan las mismas posibilidades de éxito…, damos por hecho que, si una idea viene de un directivo con mucha experiencia, es mejor. No es necesariamente cierto"
> Gary Hamel

Como hemos comentado, lo primero que hace Elcano al llegar es escribir al rey Carlos I. Se trata de un escueto informe de solo setecientas parcas palabras con errores gramaticales, no olvidemos que su lengua materna es el vasco. Se adivina el dramatismo vivido en frases en carne viva como "y sufrimos todo lo que puede padecer un hombre". No se olvida de los suyos y solicita mercedes para todos ellos "por los muchos sudores e hanbre (sic) e sed e frío e calor que ésta tu gente ha pasado en tu servicio" y hace un llamamiento para que los héroes sean recompensados y rescatados los rehenes de Cabo Verde. Elcano: "No tocamos en tierra alguna, por temor al Rey de Portugal, que tiene ordenado en todos sus dominios de tomar esta armada, a fin de que V. M. no tenga noticia de ella, y así, se nos murieron de hambre veinte y dos hombres".

Así, como apunte, es bastante significativo que Elcano "tutee" al emperador, el hombre más poderoso del mundo…

"Muy alta e ilustrísima Majestad:

Sabrá vuestra alta Majestad cómo hemos llegado dieciocho hombres solamente con una de las cinco naves que V. M. mandó a descubrir la Especiería con el capitán Fernando de Magallanes, que en gloria esté; y porque V. M. tenga noticia de las principales cosas que hemos pasado, brevemente escribo ésta y digo: primeramente llegamos a los 54 grados al sur de la línea equinoccial, donde hallamos un estrecho que pasaba por la tierra firme de V. M. al mar de la India, el cual estrecho es de cien leguas, del cual desembocamos, y en tiempo de tres meses y veinte días, teniendo vientos bien favorables, no encontramos tierra alguna, sino sólo dos islas deshabitadas y pequeñas: y después llegamos a un archipiélago de muchas islas bastante ricas de oro. Faltónos por su muerte el dicho capitán Fernando de Magallanes, con muchos otros, y por no poder navegar por falta de gente, habiendo quedado muy pocos, deshicimos una de las naves, y con las dos restan restantes navegamos de isla en isla, viendo modo de arribar, con la gracia de Dios, a las islas de Maluco, lo que ocurrió al cabo de ocho meses de haber sucedido la muerte del dicho capitán, y allí cargamos las dos naves de especiería. Ha de saber V. M. cómo navegando hacia las dichas islas de Maluco descubrimos el alcanfor, canela y perlas.

Deseando partir de las dichas islas de Maluco la vuelta de España, se descubrió una grandísima vía de agua en una de las naves, de tal modo que no se podía remediar sin descar descargarla; y pasando el tiempo en que las naves navegan para Zabba y Melara, resolvimos o morir, o con toda honra servir a V. M., para hacerle sabidor de dicho descubrimiento, partir con una sola nave, estando en tal estado, por causa de la broma, que sólo dios lo sabe; en este camino descubrimos muchas islas riquísimas, entra las cuales descubrimos a Bandan, donde se dan el jengibre y la nuez moscada, y Zaba, donde se cría la pimienta, y Timor, donde crece el sándalo, y en todas las sobredichas islas hay infinito jengibre. La muestra de todas estas producciones, recogidas en las islas mismas en que se dan, traemos para mostrar a V. M.

La paz y amistad de todos los reyes y señores de las dichas islas, firmadas por sus propias manos, traemos para V. M., pues desean servirle y obedecerle, como a su rey y señor natural. Habiendo partido de la última de aquellas islas, en cinco meses, sin comer más que trigo y arroz y bebiendo sólo agua, no tocamos en tierra alguna, por temor al Rey de Portugal, que tiene ordenado en todos sus dominios de tomar esta armada, a fin de que V. M. no tenga noticia de ella, y así, se nos murieron de hambre veinte y dos hombres; por lo cual y la falta de vituallas, arribamos a la isla de Cabo Verde, donde el gobernador de ella me apresó el batel con trece hombres, y quería llevarme con todos mis hombres en una nave que volvía de Calicut a Portugal cargada de especiería, diciendo que sólo los portugueses podían descubrir la Especiería; y a ese intento armó cuatro naves para apresarme; pero resolvimos, de común acuerdo, morir antes que caer en manos de los portugueses, y así, con grandísimo trabajo de la bomba, bajo la sentina, que de día y de noche no hacíamos otra cosa que echar fuera el agua, estando tan extenuados como hombre alguno lo ha estado, con la ayuda de Dios y de Nuestra Señora, después de pasados tres años, hemos llegado.

Por tanto, suplico a vuestra alta Majestad que provea con el Rey de Portugal la libertad de aquellos trece hombres, que tanto tiempo le han servido, y más sabrá V. M. de aquello que debemos estimar y tener es que hemos descubierto y dado la vuelta a toda la redondez del mundo, que yendo para el occidente hayamos regresado por el oriente. Suplico a V. M., por los muchos trabajos, sudores, hambre y sed, frío y calor que esta gente ha padecido en servicio de V. M., les haga merced de la cuarta y de la veintena de sus efectos y de lo que consigo traen. Y con esto ceso, besando los pies y manos de vuestra alta Majestad.

Escrita a bordo de la nave Victoria, en Sanlúcar, a seis días de septiembre de 1522.

El capitán Juan Sebastián del Cano".

CAPÍTULO 61

Reunión en el despacho del jefe: la palmadita en la espalda

> "Debemos encontrar tiempo para detenernos y agradecer a las personas que hacen la diferencia en nuestras vidas"
> John F. Kennedy

Ni más ni menos que cincuenta ducados de oro recibe de propina el mensajero por hacer llegar a Valladolid "las albricias nuevas". Casi fue más generosa la Corona con él que con los supervivientes.

El emperador contestó a Elcano de inmediato (solo cinco días después, el 11 de septiembre) para darle "infinitas gracias" y solicitarle que acudiera personalmente a verle "y porque yo me quiero informar de vos muy particularmente del viaje que habéis hecho y de lo en él sucedido, os mando que toméis dos personas de las que han venido con vos, las más cuerdas y de mejor razón, y os partáis y vengáis con ellos donde yo estuviere".

La carta acabó perdida durante mucho tiempo entre los papeles personales de Elcano, y no en el Archivo General de Indias de Sevilla. Pero, providencialmente, apareció en el 2016. Estaba olvidada en el archivo de la Torre de Laurgain, en Guipúzcoa.

Para la audiencia real (que tendrá lugar el 18 de octubre en Valladolid) Elcano va a elegir de acompañantes al piloto Francisco Albo y al barbero —es decir, el médico— Hernando de Bustamante. Resulta significativo y triste que no optara por Pigafetta, el cronista de la expedición. La animadversión de ambos era más que manifiesta y, lamentablemente, después de haber vuelto del infierno en vez de hermanarse para siempre aquello los dividió aún más. También llevó consigo al indio Juan de Pegu, perlas, sedas, maderas preciosas, aves del paraíso (esos dos pájaros muertos a los que aludía en sus crónicas el italiano), canela, clavo, nuez moscada y pimienta.

Pero en esta reunión también tiene lugar una emboscada, una especie de "consejo de guerra" donde los tres integrantes de la armada van a ser interrogados (sobre todo lo acontecido en esos tres agónicos años) por un tribunal presidido por el alcalde de Casa y Corte (algo así como el responsable del poder judicial del monarca), Santiago Diez de Leguizamo, y transcrito por el escribano del rey, Joan de Garibay.

El interrogatorio —a cara de perro— se va a componer de trece implacables cuestiones. El procedimiento era cotejar las respuestas de los tres y buscar contradicciones, también comparándolo con el testimonio de los tripulantes de la San Antonio. Se pone el foco sobre el comportamiento de Magallanes, el motín a bordo y sus consecuencias, la incomprensible demora en la Patagonia, la triste masacre de Cebú…

1. ¿Cuál fue el motivo de discordia entre Magallanes y Juan de Cartagena además de con los otros capitanes y personas de la armada?
2. ¿Por qué causa mandó matar el capitán a Luis de Mendoza? ¿Prometió algo Magallanes a su asesino, el alguacil Espinosa?
3. ¿Cuál fue la causa del destierro a Juan de Cartagena y al clérigo? ¿Y el motivo de ajusticiar a Quesada, a Mendoza y a otras personas?
4. ¿El principal motivo de las ejecuciones y destierros fue poner a portugueses al mando? ¿Porque eran sus parientes o por otro motivo?
5. ¿Por qué motivo se detuvo tanto Magallanes en los puertos en los que entraba, estando en alguno ocho o nueve meses gastando los víveres y en otro cuatro o cinco sin aprovisionar y perdiendo tiempo de navegación?
6. En las islas en las que había tanto oro y se pagaban muy bien nuestras mercancías ¿por qué no consiguieron oro ni para cubrir el coste de las mismas?
7. Los juncos que interceptaron de la China ¿qué mercaderías traían, cuántas se tomaron? De lo que se tomó ¿se tomó asiento en el libro del armazón (entradas del pañol) conforme al reglamento?
8. Se dice que uno de los juncos que tomaron iba un rey por el cual pagaron, a un tal Juan Carvallo (y a otros), un rescate de varias

coronas de oro, de las que ponen sobre la cabeza, además de otras joyas y una buena cantidad de lingotes de oro. ¿Cómo es que no ha llegado ninguna de esas cosas aquí?

9. Los rescates que se hicieron ¿de qué manera se hicieron? ¿Se asentaba todo en el libro? ¿Qué recaudo había en esto después que murieron los oficiales del rey? ¿Quién nombró nuevos oficiales?

10. Si cargaron el clavo por peso y allá fue bien pesado, como es costumbre, y habiendo anotado que traían más de seiscientos quintales, ¿cómo falta tanto sumando que la humedad del viaje aumenta incluso su peso?

11. ¿Qué cantidad de clavo sacaron en Cabo Verde? ¿Tomaron tierra en otra parte donde dejasen algún clavo? Quizás en Sanlúcar o subiendo la ribera de Sevilla pudieron descargar algo en secreto por la noche…

12. Al capitán Magallanes ¿cómo le mataron los indios? Porque algunos de los que allá quedan y en esta nao vienen dicen fue muerto de otra manera.

13. Los que se quedaron donde mataron a Magallanes y pudieron rescatar, según de allá, los que quedan escriben y algunos han venido en esta nao. ¿Por qué los dejaron perecer y quiénes eran? (sic)

Elcano es implacable y no duda en mostrar su desacuerdo con los procedimientos de Magallanes, en el otro extremo está Hernando de Bustamante, bien asesorado por sus abogados: "no me consta, lo desconozco…" (que siempre ha funcionado "realmente"). El documento no tiene desperdicio.

Información recibida por el alcalde de Casa y Corte, Santiago Díaz de Leguizamo, en que declaran el capitán de la nao Victoria Juan Sebastián Elcano, Francisco Albo y Fernando de Bustamante, sobre distintos pormenores del viaje de la primera vuelta al mundo. Archivo General de Indias, Patronato, 34, R.19.

CAPÍTULO 62

El salario emocional: medallas y reconocimiento

> "No se preocupe cuando no sea reconocido,
> pero esfuércese por ser digno de reconocimiento"
> Abraham Lincoln

No, ni entonces ni ahora los empleados buscan mesas de *pingpong*, futbolines ni cápsulas gratis de café de todos los colores. Sentirse reconocidos ha sido, es y será la mayor recompensa. Aunque tampoco está de más una compensación económica.

Elcano, consciente de su gran aportación a la Corona (y al Mundo) y en pago al ingente sacrificio de los suyos, solicita bastantes cosas al rey Carlos I —que entonces tenía solo veintidós años— y este, a través de su secretario Francisco de los Cobos, le responde a casi todo que no.

Parece bastante injusto de entrada que se le deniegue el hábito de caballero de la Orden de Santiago (el mismo que había concedido a Magallanes y a su primer socio, Ruy Faleiro, antes de partir). Tampoco le concede la capitanía mayor de la Armada ni un permiso para poder llevar armas (debía de haber alguien que no le quería bien). Elcano no se olvida de su gente y pide que el rey interceda para liberar al grupo que quedó retenido en Cabo Verde (esta gestión sí se lleva a cabo con cierta diligencia).

Sí se le concede un escudo de armas con la inscripción "Primus Circumdedisti Me" (el primero que me circundaste) y se estipula que recibirá una compensación vitalicia, que jamás llegó a percibir completa, ya que estaba vinculada a los beneficios de la Casa de Contratación de la Especiería de La Coruña (se creó poco después, destinada a aligerar —y frenar el poder— al puerto de Sevilla).

> "Nos el enperador, acatando lo que Juan Sebastian delcano nos ha servido en el descubrimiento de la especiería, e los muchos y grandes trabajos que en el ha pasado, nuestra merced y voluntad es que aya e tenga de nos para en toda su vida quinientos ducados de oro en cada un año" (sic).

Pudo haberse retirado a disfrutar de un merecido descanso, pero eligió volver al mar. No habían pasado ni dos meses de su llegada, cuando solicitó al emperador la capitanía de la siguiente armada que fuera al Maluco. Probablemente, conociendo el carácter de Elcano, sentía que debía regresar para rescatar a sus compañeros, además de asegurar los territorios frente a la amenaza portuguesa.

Frente a todo pronóstico, Elcano no fue nombrado capitán. El emperador —por razones que se nos escapan— nombró a Francisco García Jofre de Loaysa y Elcano embarcaría como segundo, con poder de decisión naval.

Elcano cobró 613.251 maravedíes de recompensa que invirtió, prácticamente en su totalidad, en esa nueva flota —cuatro embarcaciones— para acometer la segunda expedición. Será la última. La maldición del Pacífico volvió a actuar y sus capitanes murieron antes de alcanzar la Especiería.

Durante estos primeros meses en tierra, se dedica a viajar a Irún, Fuenterrabía y otros lugares vascos, para dar el pésame a todas las madres de los compañeros desaparecidos. Gesto que nuevamente le honra. Hay que ser humilde cuando las cosas van bien, cuando van mal es fácil.

En Guetaria, su pueblo natal, y alrededores reclutaría a la tripulación (entre los que se encuentra un joven y entusiasta Andrés de Urdaneta, que pasará a la posteridad por abrir la ruta desde Filipinas hasta Acapulco a través del Pacífico).

El dinero obtenido de la primera travesía también le dio para mantener a dos amantes y a sendos hijos, Domingo y María, de los que se acuerda en sus últimas horas en el testamento.

Dos mujeres le amaron en momentos muy diferentes de su vida: cuando era un adolescente anónimo, soñador y ambicioso, y cuando ya se había forjado una reputación y era uno de los personajes del momento en la corte de Valladolid. Elcano no se casó con ninguna, ni siquiera llega a convivir con ellas. Solo tuvo un único amor, incondicional y verdadero: el mar.

Su primera pareja conocida fue un amor adolescente: María Hernández de Hernialde, compañera "de juegos" en su Guetaria natal (esa a la que nombra indiscretamente en su testamento como "a la que siendo moza virgen hube"). A ella y a su hijo Domingo deja la nada desdeñable cifra de cien ducados.

Y en otro puerto, la segunda compañera: la vallisoletana María de Vidaurreta, con la que tiene a su hija María y a la que lega (cito textualmente) "por la criança della e por descargo de mi conciencia, cuarenta ducados" (la frase se comenta sola y el papel de Elcano como padre y esposo, también).

Sin duda, otra mujer importante en la vida de Elcano fue su madre, Catalina del Puerto, que tiene nombre artístico de coplera y va a demostrar que es "más flamenca" que los palmeros del emperador, oriundos todos de Flandes.

Catalina ya demostró ser una madre coraje cuando sacó adelante —ella sola— a sus ocho hijos, con un padre ausente del que apenas se sabe más que su nombre, Domingo Sebastián de Elcano. Peleó incansable porque se retribuyera el sacrificio de su hijo.

El destino de la segunda expedición al Maluco le partió el corazón, no solo perdió a su heroico hijo, Juan Sebastián, sino a la casi totalidad de su familia. Junto a Elcano iban embarcados sus otros hijos: Martín Pérez de Elcano (piloto de la nao Sancti Spiritus), Antón Martín de Elcano (piloto en la Santa María del Parral) y Ochoa Martín de Elcano (maestre de la nao San Gabriel, y más tarde del patache Santiago). Además, su yerno Santiago de Guevara (capitán del patache Santiago) y marido de su hija Inesa de Elcano y un hijo de estos, llamado Martín Sánchez de Guevara. Afortunadamente, Ochoa sobrevivió y logrará regresar a bordo de la Santiago, ya que se separó de la flota durante una tormenta en el Pacífico, y fue en busca de Hernán Cortés.

Pero volvamos al despacho del rey y a esa audiencia con los primeros circunnavegantes.

Respecto a los otros miembros destacados de nuestra flota, Francisco Albo y Miguel de Rodas, Carlos I les concedió cincuenta mil maravedíes anuales de por vida a cada uno y también sendos escudos de armas. Ignoramos si ellos tuvieron más fortuna en los cobros. Hernando de Bustamante también recibió su propio escudo y, a los demás, los exime de pagar el quinto real (es decir, condona esa quinta parte de los beneficios obtenidos que debía tributarse a la Corona). También aplica para los presos de Cabo Verde.

Queda registrado que a Juan de Pegu, "yndio de maluco", la Casa de Contratación le pagó una pequeña fortuna, 15.750 maravedíes, por el clavo que trajo a bordo. Eran hombres libres y embarcaron (más o menos) voluntariamente.

"Fueron 13 los indígenas que embarcan en La Victoria porque querían conocer al Emperador y estos reynos" (Herrera). Al menos tres de ellos sobrevivieron al viaje: Juan de Pegu, al que se le pagaron quince mil maravedíes, Francisco, que murió en Sevilla poco después (la Casa de Contratación costeó su entierro cristiano) y Manuel. Ante todo, fueron bien tratados y se les consideró miembros de pleno derecho en la flota.

Además de los moluqueños, constaban otros cinco hombres que se decía eran "moros tomados en un junco en buena guerra" pero murieron durante la dura travesía. De haber sobrevivido, hubieran cobrado su parte de beneficios como hombres libres, lo que les hubiera permitido una posición desahogada. Su parte se va a quedar en las arcas de la Casa de Contratación para los armadores. Se llamaban Tuan Ponçon, Tuan Bodiman, Peze Culao, Cape y Alí.

De todos los supervivientes, solo Elcano (capitán), Francisco Albo (el piloto), Hernando de Bustamante (el barbero) y Antonio Pigafetta (embarcado como sobresaliente, el cronista) pueden considerarse miembros importantes de la tripulación original de la armada. El resto era marinería rasa o sirvientes de oficiales y especialistas (muchos en la veintena o incluso más jóvenes). Cabe destacar el crisol de nacionalidades, aunque la mayoría eran españoles (cuatro vascos, tres andaluces, un cántabro y un extremeño) había portugueses, franceses, italianos, griegos, un alemán, un rumano... No hay que olvidar que todos estaban trabajando para la Corona de España.

Sus nombres deberían figurar entre los grandes exploradores de la Humanidad, pero la historia los arrinconó.

En todas las empresas hay personas olvidadas, incomprendidas o arrinconadas. Especialmente esos "lomos plateados" (verdaderos discos duros de la compañía) que se quedaron sin silla cuando paró la música. Actualmente la esperanza de vida es la más alta de la historia, pero se expulsa del mercado laboral a los mayores de cincuenta años (habitualmente en las "grandes empresas"). Eso sí, sus consejeros de administración se aferran al sillón cuando hace años pasaron la edad de jubilación. Contradictorio, ¿verdad?

El edadismo es la mayor discriminación en el mercado laboral actual y es algo por lo que casi todos vamos a pasar. Recordemos que la experiencia no se improvisa.

CAPÍTULO 63

Los malos pagadores

"El precio de cualquier cosa es
la cantidad de vida que ofreces a cambio"
Henry David Thoreau

Lástima que la burocracia enturbiara el momento de gloria y no supiera —o no quisiera— la Corona estar a la altura. Después del compromiso, la entrega de estos hombres, la actitud de la Corona fue dar largas.

Para cuando Elcano embarca en la segunda expedición al Maluco en 1525, ya le debían más de mil quinientos ducados (más una merced suplementaria de otros mil ducados como prima por asumir el mando en la armada de Loaysa que nunca llegará a los herederos).

Elcano fallece el 4 de agosto (otras fuentes hablan del 6) de 1526 a bordo de la nave Espíritu Santo en el mar —como no podía ser de otra manera— y su cuerpo fue arrojado a las aguas del Pacífico, ese océano que tanto le dio y tanto le quitó. Al menos, la vida le concedió morir como gran capitán de la flota, aunque fuera de manera tristemente efímera, ya que apenas disfrutó del cargo seis días.

Hernando de la Torre, el último capitán de la expedición, va a encargarse de portar hasta Sevilla el testamento de Elcano, que entregará sellado a los señores del Consejo de Indias. Elcano confía el control de sus bienes y el cuidado de sus hijos a su madre, que va a luchar contra Goliat para que su hijo perciba el dinero que la Corona prometió. Sabemos que Catalina se convirtió en heredera universal de todos sus bienes.

Catalina fue una mujer longeva que no se cansó de reclamar la herencia. En 1535 pedía 150.000 maravedíes por el salario y los quinientos ducados de oro como pensión vitalicia anual concedidos trece años atrás. Parece que Catalina solo percibió una mínima parte de lo adeudado a su vástago. El 23 de marzo de 1535 la reina ordenaba que se le pagaran veinte mil maravedíes. Los siguientes registros del Archivo de Indias ya son "juros" (no pagos, sino promesas: "juro que el lunes —ya si eso— te pago"), artimaña muy recurrente de la Corona cuando no tenía liquidez o voluntad de abonar dichos pagos. Hay registrados tres "juros" de 78.186 maravedíes cada uno.

Muchos años después, en 1553 y 1554, constan sendos documentos en los que nombraba heredero a su nieto Rodrigo de Gainza y le otorgaba poderes para seguir reclamando en su nombre. El Consejo de Indias terminó dándoles la razón. Tarde y mal, pero se hacía justicia.

Resulta curioso que Elcano dejara constancia en su testamento de la deuda que la Corona había contraído con él, según sus cuentas, aún le debían 1.484 ducados. Sin duda, el tema de los impagos era una herida que aún le escocía. Recordemos que unos años atrás, había caído en desgracia por enajenar su nave al enemigo —en tiempos de guerra— (la carraca Nuestra Señora de la Aurora) para saldar un préstamo que se vio obligado a pedir. Con el dinero cubrió los sueldos de la tripulación contratada para servir al Gran Capitán, pero este nunca llegó a abonar lo debido y Elcano perdió su embarcación y su honor. Fue declarado prófugo de la justicia, lo que le llevó a enrolarse en una armada que iba a salir rumbo a lo desconocido y que capitaneaba un tal Magallanes…

Con Gómez de Espinosa se repite la morosidad de la Corona. La palmadita en la espalda al fiel capitán fue inmediata, pero la recompensa material tardó dos años más en llegar. Tras la consiguiente demanda previa, se le abona un único pago de doscientos ducados (cincuenta en metálico y resto en armazón, es decir, mercancía para negociar), acuerdo que finalmente acepta, dando por perdida la prometida paga vitalicia de trescientos ducados de oro.

Quien sí tuvo la suerte de frente (y los enchufes…) fue nuestro amigo el cronista. Antonio Pigafetta va a ser el primero en cobrar, recibió un adelanto de 89.250 maravedíes en Valladolid cuando fue a ver a Carlos I solo dos meses después de completar la vuelta al mundo.

Pigafetta se presentó frente al emperador y le entregó una copia de su relación. No había podido estar en la audiencia real con Elcano pero él tenía sus medios. La Corona hizo con él una excepción con el adelanto. Abandonó España —con aires de zarzuela— diciendo (o maldiciendo) "fuíme de allí lo mejor que pude". Tras lo que "salió de gira" para promocionar su libro y a sí mismo. No se presentó a cobrar el resto.

> Estuvo hábil para salir en la foto, típico de los robamedallas y de gente que tiende a gustarse en exceso.

CAPÍTULO 64

Headcount

"Admiro a los que aspiran a lo imposible porque están hechos de la madera de los que nunca se dan por vencidos"
Goethe

Héroes-supervivientes de la nao Victoria:
(La edad que aparece es la registrada en los documentos al partir)

1. Juan Sebastián de Elcano, enrolado como contramaestre y finaliza como capitán de la armada, natural de Guetaria (España). 32 años.
2. Francisco Albo, piloto, de la isla de Quíos (Grecia), se desconocen tanto su fecha de nacimiento como la de su muerte.
3. Juan de Acurio, contramaestre, de Bermeo (España). 25 años.
4. Miguel de Rodas, contramaestre, de Rodas (Grecia). 42 años.
5. Hernando de Bustamante, barbero-médico natural de Alcántara (España). 25 años.
6. Maestre Hans, lombardero, de Aquisgrán (Alemania).
7. Francisco Rodríguez, marinero, de Sevilla (España). 35 años.
8. Juan Rodríguez, marinero, de Huelva (España). 22 años.
9. Martín de Judícibus, merino o alguacil, genovés (Italia).
10. Nicolao de Nápol, marinero, de Nafplio (Grecia). 35 años.
11. Miguel Sánchez, marinero, de Rodas (Grecia). 27 años.
12. Diego Carmena, marinero, de Bayona (España). 22 años.
13. Antón Hernández Colmenero, marinero, de Huelva (España). 45 años.

14. Juan de Arratia, grumete, de Bilbao (España). 15 años. Fue, junto a Juan de Zubileta, los únicos que circunnavegaron el planeta sin cambiar de nao.
15. Antonio Pigafetta, sobresaliente, de Vicencio (Italia). 39 años.
16. Juan de Santandrés (o de Santander), grumete, (España). Desconocemos más datos.
17. Vasco Gómez Gallego, grumete, natural de Portugal y residente en Bayona (España). Posiblemente 12 años. No confundir con Vasquito (paje e hijo de Vasco Gallego, y que fue uno de los rehenes de Cabo Verde).
18. Juan de Zubileta, paje, de Baracaldo (España). 13 años.

La mayoría pertenecían a la marinería rasa.

Repatriados desde las islas de Cabo Verde:

1. Martín Méndez, escribano. Desconocemos su procedencia, aunque residía en Sevilla.
2. Roldán de Argote, lombardero, de Brujas (Bélgica).
3. Rixart de Normandía, carpintero, de Bruz (Francia). 25 años.
4. Gómez Hernández, marinero, de Huelva (España). 21 años.
5. Ocacio Alfonso (o Alonso), marinero, de Bollullos (Huelva). 30 años.
6. Felipe de Rodas, marinero, de Rodas (Grecia).
7. Pedro de Tolosa, grumete, de Tolosa (España). 20 años.
8. Maestre Pedro, sobresaliente, embarcó en Tenerife (España).
9. Juan Martín, criado de Luis de Mendoza, de Aguilar de Campoo (España). 25 años.
10. Simón, de Burgos, criado de Luis de Mendoza. Aunque declaró ser burgalés, era uno de esos portugueses que se colaron.
11. Pedro de Chindurza, paje, de Bermeo (España).
12. Vasquito Gallego, paje, de Bayona (España).

Supervivientes de la nao Trinidad:
(Que terminaron dando también la vuelta al mundo)

1. Gonzalo Gómez de Espinosa, capitán (España). Entre 30 y 32 años.
2. Ginés de Mafra, marinero, de Jerez de la Frontera (España). 25 años.
3. León Pancaldo, marinero, de Savona (Italia). 37 años.
4. Juan Rodríguez el Sordo, marinero, de Sevilla (España).
5. Hans Vargue, lombardero, de Aquisgrán (Alemania), fallecido en Lisboa antes de ser liberado.

Resto de supervivientes de la armada:

1. Francisco Albo, piloto, de Axio (en la actualidad, isla de Quíos), en Grecia.
2. Antón Hernández Colmenero, marinero, de Huelva (España).
3. Juan Rodríguez, marinero, de Huelva (España).
4. Francisco Rodríguez, marinero, de Sevilla (España).
5. Nicolás el Griego, marinero, de Romania (en la actualidad, Napflio), en Grecia.
6. Miguel Sánchez, marinero, de Rodas (Grecia).
7. Martín de Yudícibus, merino o alguacil, de Saona (Génova).

CAPÍTULO 65

KPIs: *Key Performance Indicators*

> "Es muy divertido lograr lo imposible"
> Walt Disney

El mero hecho de hablar de bajas ya es un fracaso. La inversión de la expedición fue muy alta: doscientas veintinueve vidas, algo incuantificable a nivel de balances. Cuantificar si la empresa fue un éxito o un estrepitoso fracaso, no es fácil de discernir.

La expedición —financiada por la Corona de Castilla, Haro y los Fugger— fue beneficiosa para todos. Así se recoge en los documentos del Archivo de Indias de Sevilla. El aviamiento y despacho de la armada de Magallanes ascendió a 8.334.335 maravedíes; el valor de la carga produjo 8.680.051 maravedíes, por tanto, los beneficios netos fueron de 346.216 maravedíes.

Se aprestaron cinco buques, solo uno sobrevive al viaje más largo...

- Coste de la Victoria: 300.000 maravedíes
- Nao San Antonio, coste: 330.000 maravedíes
- Nao Concepción, coste: 228.750 maravedíes
- Nao Santiago, coste: 187.500 maravedíes
- Nao la Trinidad, coste: 270.000 maravedíes

Aunque fue una gran inversión y se recuperó lo invertido con la Victoria, la única nave que completó la circunnavegación (recordemos que la desertora San Antonio regresó a casa sin desperfectos), el económico no fue el mayor beneficio: hay que atender a las consecuencias geoestratégicas y culturales que supuso la expedición.

En las empresas actuales se monitorizan una serie de indicadores de rendimiento, son los KPIs, *Key Performance Indicators*, para poder medir el desempeño de una empresa, o entrando más al detalle, de un departamento o unidad de negocio. No hay que analizar un exceso de KPIs y generar una cantidad de datos que no puedes seguir o trabajar obsesionado con el dato y caer en "la parálisis por el análisis". Cada eslabón de la organización debe controlar los suyos, partiendo de los más generales a los más específicos. Tener un buen "dashboard" o "cuadro de mandos" que vaya de lo general a lo específico es clave para ser operativos y tomar buenas decisiones.

¿Tenían KPIs en tiempos de Magallanes y Elcano?

Es de suponer que tenían unos cuantos KPIs ajustados al tipo de empresa que era, los inversores que financiaron la empresa esperaban un gran retorno. Y en el propio interrogatorio a Elcano vimos que se preocupaban mucho por registrar todo lo que se embarcaba a bordo y cotejarlo con lo que llegaba a su destino. Igualmente controlaban el coste de todos los avituallamientos para dar de comer y beber a la tripulación en expediciones de tan larga duración. Normalmente cuanto más riesgo tiene una empresa, mayores beneficios se esperan de ella, si sale bien. La Armada de la Especiería fue una de esas empresas de alto riesgo y de la que se esperaban unos pingües beneficios.

¿Se cumplió el objetivo? Sí, al menos parcialmente. Con la carga de la única nave que llegó a España se obtuvo suficiente beneficio para recuperar la inversión realizada en las cinco que partieron, se pagaron los salarios de tres años, los bonus acordados, se indemnizó a las familias de los fallecidos y se obtuvieron beneficios para los inversores.

Imaginemos el nivel de beneficios si las cinco naves hubieran completado la misión y descubierto una ruta mucho más corta y rápida. Los beneficios se hubieran multiplicado exponencialmente.

¿Se cumplió el *deadline* o plazo previsto? No, se tardaron tres años con un objetivo de menos de dos años.

Rotación y bajas de personal: altísima. Nunca pensaron que morirían la gran mayoría, solo llegaron de vuelta con la nao Victoria dieciocho de 247.

Nivel de satisfacción del empleado: la mayoría fallecieron y los que sobrevivieron, ni en sus peores pesadillas hubieran imaginado sufrir las condiciones de trabajo por las que pasaron. Aun así, a muchos les compensó e incluso se animaron a invertir en la siguiente expedición.

ROI: podemos afirmar que el ROI, "retorno de la inversión", y el EBITDA, o beneficio bruto de explotación calculado antes de la deducción de los gastos financieros, fueron positivos.

Innovación y descubrimientos: sí. Por primera vez se demostró y completó una circunnavegación al redondo mundo. Se descubrió una nueva ruta, nuevos territorios, países e islas con los que comerciar, y multitud de tribus y especies animales y vegetales.

Deficiencias en salud y seguridad: sí, muy graves.

Disponibilidad de recursos materiales y humanos: deficiente.

Accidentes laborales: por increíble que parezca, ninguno grave, propiamente dicho, o al menos no reportado en los diarios de a bordo.

Incidentes laborales y faltas disciplinarias: sí, desde muy leves hasta amotinamiento, deserciones, tortura de la garrucha y condenas a muerte.

Gestión del talento, formación y promoción: a criterio del capitán de cada nave y del capitán general de la flota, o de los oficiales que fueron sobreviviendo.

Encuesta de clima o *employer experience*: grandes altibajos, pero en general un gran suspenso. Sin duda, no era una de esas empresas *best place to work*…

Revisión constante de los objetivos: parece ser que hubo cambios de objetivos en función de quién estaba al mando de la flota. Intereses particulares enturbiaron el foco de la misión.

Cumplimiento de los requisitos medioambientales y responsabilidad social corporativa: no se estilaba en aquella época, pero en general podemos concluir que fueron respetuosos y sostenibles.

Dadas las extremas condiciones del entorno en el que se encontraron, al límite de la supervivencia en muchas ocasiones, hicieron lo que mejor pudieron con lo que tenían en cada momento.

> Como podemos ver, los KPIs han experimentado una gran evolución, pero no debemos obviar que la mitad de las empresas que se crean en la actualidad no sobreviven al primer año y que el 80 % no llegan al tercero. Y desde luego, menos del 0,1 % de ellas consiguen algo cuyos resultados perduren siglos.

CAPÍTULO 66

Cuota de mercado

> *"La productividad no lo es todo,
> pero a largo plazo es casi todo"*
> Paul Krugman

La Victoria guarda en sus bodegas 381 sacos de clavo, con un peso de 524 quintales (veintisiete toneladas). El cargamento desembarcado en el muelle de las Mulas era tan valioso, que logró cubrir —con una sola nave— los gastos de toda la armada (la adquisición y pertrechos de las cinco naves) y aún reportó beneficios de 346.216 maravedíes como hemos visto.

Obviamente, debido a la demanda, el clavo de olor era la carga principal, pero también trajeron semillas de frutales y de otros alimentos recién descubiertos como la patata, el cacao, los tomates, la calabaza, el coco, maíz, apio, pimientos… Todos estos productos tuvieron una rápida acogida en Europa y se fueron incorporando a la cocina, dando lugar a la actual gastronomía (la dieta mediterránea). Su incorporación a los cultivos y la riqueza generada en estos siglos es difícil de cuantificar.

Aunque parezca increíble, después de lo que habían padecido, el alcalde Leguizamo pide cuentas a Elcano sobre la merma en la carga de clavo. Elcano alega los tres quintales que se usaron en Cabo Verde para comerciar y conseguir "mantenimientos" (comida) y esclavos para achicar el agua. Probablemente este error —fruto de la desesperación más absoluta— fue lo que delató su origen y fueron apresados, pese a que alegan venir del Nuevo Continente y haber derivado por la tormenta. Elcano también justifica la disminución del volumen de la carga al secarse la especia, tras los meses de travesía.

Dentro de las bodegas viajaba también una caja a nombre del piloto Andrés de San Martín, fallecido en la trágica emboscada de Cebú. Gracias a un testimonio de 1535 del capitán Gómez de Espinosa, sabemos que San Martín bajó a tierra para lavar su ropa, y nunca más regresó.

> "Andrés de San Martín salió en tierra en la dicha ysla a lavar su ropa, e nunca paresçió más, e que otro día, a obra de las diez del día, los propios de la tierra mataron a trenta e çinco cristianos".

Pero sus compañeros no le olvidan. Alguien (posiblemente Elcano, ya que también le menciona en el testamento "por si le toparen") se encargó de portar una caja de clavo con su nombre. El benefactor fue su hermano Cristóbal, por la que cobró 88.587 maravedíes (hoy rondaría los cien mil euros). Era injusto acabar sin nada cuando lo merecía todo.

Resulta paradójico el aprecio y reconocimiento que Andrés despierta también en el propio rey, viendo cómo se ha portado finalmente con el propio héroe de la expedición. El caso es que en 1530 (ocho años después del regreso de la Victoria) Carlos I ordenó —por medio de Real Cédula— abonar a Juana, hija de San Martín, la considerable cantidad de doce mil maravedíes como dote para su futura boda, ya que Juana era aún una niña y sería su tío quien ejerció de albacea.

> "Vos está mandado [a los oficiales de la Casa de Contratación] que de cualesquier maravedíes que haya en esa Casa, o de los primeros que a ella vinieren, depositéis doce mil maravedíes, que hicimos merced a Juana de San Martín, hija de Andrés de San Martín, piloto, que fue con Hernando de Magallanes al descubrimiento de la Especiería, para ayuda a su casamiento, por lo que sirvió el dicho su padre en el dicho viaje".

Concluyendo: pese a la gran pérdida de vidas y recursos, la rentabilidad —material— fue enorme y genera unos beneficios cuantiosos (alrededor de un 4,5 %). Pero está meridianamente claro que los mayores beneficios fueron de carácter geoestratégico, cultural y comercial.

De haber sido una ruta rentable nos habríamos hecho con una buena cuota de mercado, pero, lamentablemente, era inviable por la complejidad del estrecho de Magallanes, el interminable mar Pacífico y la enorme dificultad de establecer bases logísticas y de apoyo como había hecho Portugal.

A menudo las buenas ideas se quedan en el plano de lo abstracto ante la imposibilidad de la ejecución. El papel lo aguanta todo, pero hasta que no se pasa a la acción no se puede cuantificar la inversión de recursos y valorar si va a resultar un proyecto rentable.

CAPÍTULO 67

La nao Victoria, una buena inversión

> *"Cualquiera puede sostener el timón cuando el mar está en calma"*
> Publilius Syrus

Cuando coronó la circunnavegación, había recorrido quince veces la distancia que en su día realizó Cristóbal Colón. La Victoria era un caballo ganador desde el principio: con ese nombre estaba predestinada a hacer historia. Fue la primera nave que se asomó a mar abierto en el Pacífico y la única que regresó.

Nació en los astilleros vascos de Zarauz, un pueblecito de postal dedicado a la caza de ballenas cerca de Guetaria, localidad natal de Elcano. Aprendió a nadar en unos mares desconocidos hasta entonces, donde libró mil batallas a muerte en un rito de paso que forjó su carácter ganador. Fue bautizada con el nombre de Santa María, pero se le añadió el apellido "de la Victoria" al encomendarse Magallanes a la protección de Santa María de la Victoria, titular mariana de la iglesia del mismo nombre que se ubicaba en el barrio de Triana. Posiblemente no habrá colectivo más supersticioso que el marinero, y cambiar el nombre de una embarcación estaba —y está— considerado como presagio de mala fortuna.

Esta pequeña iglesia trianera estaba ubicada en un enclave periférico, cercano al muelle, por lo que acogía habitualmente las ceremonias de bendición de las banderas de las embarcaciones que partían hacia América. La imagen de la Virgen despertaba un gran fervor en Magallanes, tanto es así, que dispuso en su testamento ser enterrado allí, en caso de fallecer en Sevilla. No fue posible.

Actualmente la imagen de la Virgen puede ser visitada en la iglesia de Santa Ana de Sevilla, donde se trasladó tras la desaparición de la iglesia de Santa María de la Victoria en 1846. Casualmente, el 8 de septiembre de 1522, la embarcación volvía triunfal a Sevilla tras ser remolcada desde Sanlúcar. El día 8 de septiembre es la onomástica de la Virgen de la Victoria, ¿casualidad?

Era un barco prototipo de la época, una nao muy marinera de veintisiete metros de eslora, construida de una manera artesana con maderas de pino y roble. Su primer dueño fue un vecino de Ondárroa, el vasco Domingo de Apallúa. El 23 de septiembre de 1518 se firman los papeles de compra por parte de la Casa de Contratación. Sabemos que costó un 30 % más que el resto de las embarcaciones. En total trescientos mil maravedíes de inversión en un activo que iba a resultar clave para la empresa.

Estuvo capitaneada por el malogrado Luis de Mendoza, que murió apuñalado por Gómez de Espinosa en el motín de San Julián. Después fue comandada por el contramaestre Miguel de Rodas (recordemos que el maestre, Antonio Salamón o Salomon, había sido condenado a muerte en las costas de Brasil por sodomítico). Tras los dramáticos acontecimientos de Mactán, Cebú y Tidore, Juan Sebastián Elcano —en un inicio maestre de la Concepción— se erigía capitán mayor de la Armada y, por ende, capitán de la Victoria, única nave superviviente.

Según los documentos de la expedición conservados en la Casa de Contratación de Sevilla, la Victoria debió contar con unos cuarenta y cuatro hombres (ganándose la vida o perdiéndola) a bordo: un capitán, un maestre, un contramaestre, un piloto, un escribano, un despensero, un carpintero, un calafate, tres lombarderos, diez marineros, once grumetes y un paje, además de once profesionales embarcados como sobresalientes y otros: herreros, toneleros o criados del capitán.

Sabemos por la documentación que la Victoria llegó herida de muerte, tuvieron que reemplazarse con urgencia dos fragmentos de la escota mayor, un pasamuro (conducto para pasar los cabos) con un servidor dañado y una boneta mayor (vela supletoria). También habían roto el palo del trinquete..., pero su navegabilidad y carácter habían quedado patentes.

Una vez reparada, Cristóbal de Haro (el financiador privado) la saca a subasta en una operación dirigida por la razón y los intereses económicos. Sabemos que la adquiere Esteban Centurión, genovés, al precio de 285 ducados (es decir, 106.875 maravedíes con lo que la depreciación fue de un tercio de su valor original). La operación se cerró notarialmente a finales de febrero de 1523. Sabemos también que la "pacifican", quitándole las armas.

Me hubiera encantado decir que "la Victoria" permaneció como un objeto de culto venerado por generaciones que admiraban su gesta, casi como fragmentos de la Vera Cruz…, nada más lejos de la realidad. Se ha especulado mucho sobre el destino de la nao Victoria, pero la que cobra más peso frente a todas las hipótesis es la ofrecida por el historiador del s. XVI, Gonzalo Fernández de Oviedo, contemporáneo de muchos de los acontecimientos de los viajes oceánicos, que afirma en su obra "Historia General de las Indias", impresa en 1547, lo siguiente:

> "Salió aquella nao (la Victoria) del rio de Sevilla y dió una vuelta al pomo ó redondez del mundo é anduvo todo lo que el sol anda, en especial por aquel paralelo que la nave he dicho bojó el mundo, yendo por poniente y tornando por levante; é volvió á la misma Sevilla, y aun después hizo aquella nao un viaje desde España á esta ciudad de Sancto Domingo de la isla Española, y tornó á Sevilla y desde Sevilla volvió á esta isla, y á la vuelta que volvió á España se perdió, que nunca jamás se supo della ni de personas de los que en ella iba".

De nuevo el mar se cobra su tributo.

CAPÍTULO 68

Mentoring

"Los líderes no crean seguidores, crean más líderes"
Tom Peters

Andrés de Urdaneta es uno de esos personajes con historia. Él solo era un niño, pero soñaba con surcar los mares, como aquel héroe nacional vecino de Guetaria —por el que sentía fascinación— que acababa de dar la vuelta al mundo. Andrés tenía, como hijo segundo, el destino escrito: cura. Pero apenas cumplidos los diecisiete años, escapó de su Villafranca de Ordizia natal a recorrer esos mundos de Dios embarcado en la Expedición de Loaysa. La flota iba a replicar el primer viaje a las Molucas, con esa nueva generación que pide paso a bordo y en la que Elcano, además de una sustancial suma, aportaba lo más importante, el *know-how*.

Andrés venía de una familia con pedigrí. Su padre, Juan Ochoa de Urdaneta, había sido el alcalde de la localidad y comerciaba con las tropas que estaban acantonadas en la guerra contra Navarra. Su madre, pertenecía a una acaudalada saga —dedicada a las ferrerías— emparentada con los Legazpi (Miguel López de Legazpi fue conquistador de las Filipinas y fundador de Manila).

Elcano fue su mentor y le enseña todo sobre el "arte de marear" y la cosmografía. Urdaneta ya venía con una buena base teórica, pero le "faltaba calle". Formará parte de la realeza náutica y se convirtió en uno de los mejores marinos de la Historia al completar el primer tornaviaje con la nao San Pedro entre Filipinas y Nueva España, con lo que el Pacífico se hacía transitable por el hemisferio español y permitió a Felipe II expandir su imperio hacia Asia. Lo logró en 1565, cuatro décadas después de que Juan Sebastián Elcano hubiera dado por vez primera la vuelta al globo. Con aquello, el comercio mundial fue una realidad gracias a la ruta del Galeón de Manila, el sueño de Colón.

Urdaneta realiza esta gesta con más de cincuenta años y tras una intensa y minuciosa preparación, tenía un conocimiento profundo del Pacífico —donde estuvo viviendo diez años— y donde estudió el clima, las corrientes y, lo que es más importante, los idiomas locales que le permitieron relacionarse directamente con los nativos y aprender de ellos.

Con los años, Urdaneta se revelará como un marinero excepcional, minucioso y preciso. Tenía una letra clara al igual que sus ideas, era un hombre culto que de vez en cuando usaba vocablos propios de su lengua materna. Va a controlar con rigor cada detalle, desde usar la psicología a la hora de reclutar (enrolando a marineros que se conocen previamente, para evitar motines y lograr cohesión de equipo). Además, conoce la importancia de la alimentación en el rendimiento, en un informe al virrey insiste en incluir "alimentos frescos para buscar la salud de la tripulación", y selecciona, entre otros, habichuelas, piña, cocos…, con lo que, efectivamente, evitó el escorbuto a bordo.

Pero volvamos a la expedición de Loaysa. Al igual que su antecesora, la escuadra de Magallanes, estuvo presidida por el infortunio. De las siete naves y cuatrocientos cincuenta hombres que partieron, tan solo la capitana Santa María de la Victoria (de nuevo ese nombre) llegó al destino de las Molucas. Por el camino, perdieron la vida dos de sus capitanes en el Pacífico: primero Loaysa y pocos días después, Elcano, probablemente por comer un pescado tóxico, seguramente barracuda o picuda, "con dientes como de perro", como explicó en su crónica Andrés de Urdaneta. Su gran valedor había muerto.

"Lunes a seis días de agosto [de 1526] falleció el magnífico señor Juan Sebastián Elcano" (anota lacónico y contenido Urdaneta en su "Relación…").

Elcano tuvo un final sin épica, una muerte que no estuvo a la altura de su vida. Después de tantas penurias y peligros, la ciguatera —una intoxicación alimenticia— acabó con él. Su cadáver fue lanzado al mar el 7 de agosto, envuelto en un sudario y sujeto a una tabla con cuerdas. La marinería le rezó un padrenuestro y varios avemarías. Esas fueron las exequias y el final para un hombre excepcional. Urdaneta se va a encargar de escribir sus últimas voluntades.

Sin duda la expedición de Loaysa da para varias novelas y una serie de Netflix. De nuevo problemas en el estrecho: la Anunciada desertó al igual que hizo la San Antonio antes, la Sancti Espiritus naufragó con Elcano al frente, aunque logró ponerse a salvo, la San Lesmes fue arrastrada por una tormenta y separada de la flota (gracias a eso, descubrió Cabo de Hornos, aunque la gloria se la llevaron los holandeses un siglo después). La Santiago se perdió y acabó en México. La San Lesmes también se perdió y su desaparición dio lugar a especulaciones como que arribaron a Tahití (de ahí que tengan algún vocablo vasco) o que descubrieron Nueva Zelanda y Australia. La Santa María del Parral encalló y, finalmente, solo quedó la capitana: la Santa María de la Victoria en la que Loaysa y Elcano acabaron su viaje vital.

La flota llegó a las Molucas demasiado tarde, ya estaban allí asentados los portugueses. Urdaneta pasará una década en las Molucas, su vida se vio comprometida en infinitas escaramuzas coloniales contra el gobernador portugués Pedro de Meneses. Eran cuarenta marineros —venidos en un único barco perdido— olvidados contra el imperio portugués. Y a todo esto, Carlos V ya había vendido las Molucas a Portugal…

Al llegar a Lisboa, los portugueses le requisan toda la documentación, los derroteros, cuadernos de bitácora, mapas…, pero Andrés tenía una memoria prodigiosa y logró reproducir la documentación y todos aquellos valiosísimos informes (es la famosa "Relación de los sucesos de la armada del comendador Loaisa a las islas de la Especiería o Molucas en 1525 y sucesos acaecidos en ellas hasta el 1536").

Después de décadas adrenalínicas (protagonista del virreinato de México) y hastiado de sinsabores, en 1553 —a sus cuarenta y cinco años y haciendo caso, por fin, a los designios familiares— ingresó como fraile en la orden de San Agustín en la capital mexicana, donde pasó los siguientes once años de espaldas al mundo. No le faltaban pecados que purgar: había derramado sangre en nombre de su rey, había vuelto a casa con una hija mestiza (probablemente ilegítima) que había llamado Gracia en honor a su madre (y que había dejado atrás en Ordicia, entregándola en adopción a su hermano)... Tiene valor y coraje, tiene principios, lo que hizo lo acepta y lo acata, se está jugando la vida con la Inquisición.

Pero su valía como navegante, sus dotes diplomáticas, el añadido de hablar malayo y su impagable conocimiento de las corrientes y vientos eran un activo que no podía recluirse entre las cuatro paredes del convento agustino. Felipe II tenía un problema: sus pilotos reales (Saavedra, Villalobos...) no sabían regresar a casa por el Pacífico. Urdaneta es solicitado personalmente a embarcar, esta vez con Legazpi al frente.

Deja la paz del convento y vuelve al mar. Llegar a Filipinas no es problema con vientos y corrientes a favor. El reto es el regreso. Tras perder su juventud varado en el destino más ambicionado de su época, está dispuesto a sus cincuenta y siete años a hacer historia. Sale de Cebú el 1 de junio de 1565, apostando con su propia vida en lo que nadie antes ha conseguido.

Urdaneta tenía los conocimientos, el cerebro, la visión y la pasión. Para él, resulta evidente que el tornaviaje es una cuestión personal. Con los cuatro meses que duró el viaje estableció un récord que se tardó cien años en superar. La ruta comercial que abrió permaneció operativa nada menos que doscientos cincuenta años, pero, pese a la ingente hazaña, será otro gran ignorado de la historia junto a su mentor de juventud, Elcano.

Una vez informado el rey, el agustino volvió a su celda del convento de México, y allí murió el 3 de junio de 1568 a los sesenta años.

A él se debe la evangelización de las Filipinas, aún hoy continúa siendo el único país católico de Asia (si exceptuamos a Timor Oriental). Urdaneta insistió a los religiosos que evangelizaran en el idioma nativo. Esto logró que el mensaje cristiano permeabilizara y que se mantuviera el tagalo vivo. Recordemos que Magallanes ya puso la primera piedra de la iglesia católica allí, y la talla (el Santo Niño de Cebú) que regaló, es la más venerada aún hoy en día.

La figura del mentor era tan importante entonces como ahora: contar con la experiencia y consejos de una persona que ya ha recorrido muchos caminos antes que tú, impulsará exponencialmente tu curva de aprendizaje y se traducirá en que minimices los errores y su impacto.

> Es muy importante contar con esa clase de mentores/*coaches*, y diferenciarlos del "spam" de *coaches* que hay en la actualidad, algunos con más ego que currículum, que nunca han salido realmente de la tan manida "zona de confort", que acaban de aprender el significado del acrónimo VUCA y que nunca han liderado a un grupo importante de personas, pero que ejercen como *coaches* o mentores de pleno derecho.
>
> Recordemos, una vez más, que "la experiencia no se improvisa" y elijamos bien en manos de quién nos ponemos.

CAPÍTULO 69

Elcano & Company.
Vidas épicas: protagonistas anónimos y microhistorias

"Navigare necesse est, vivere non est necesse"
Pompeyo

Después de tres años padeciendo mil penalidades, hambre y muerte, lo más normal es pensar que los supervivientes juraran no volver jamás al mar. Pero los cantos de sirena son más fuertes que la seguridad de quedarse varados en tierra disfrutando del dinero y la gloria.

Aquella legendaria tripulación de héroes había obtenido unos pingües beneficios con su sacrificio, especialmente Elcano, pero nuestro Juan sin miedo vuelve a embarcarse y arrastra con él a parte de los otros. Hernando de Bustamante, el Maestre Hans, Gonzalo de Vigo, Juan de Arratia y Roldán de Argote (que, al igual que Elcano, falleció de camino)… no dudan en seguir a su capitán en una nueva expedición. Quizás porque no sabían hacer otra cosa…, pero la pasión por la aventura y el amor por su trabajo no les falta.

Son inmortales, han ganado una extraordinaria fortaleza mental: saben que pueden sobrevivir. Disciplina, resiliencia, trabajo bajo presión y compromiso harán el resto. Como tampoco falta la confianza y respeto en su líder, un intangible empresarial indispensable para cualquier empresa.

El extremeño Hernando de Bustamante (natural de Alcántara) era el barbero de la nao Victoria, es decir, el médico en términos actuales. Fue uno de los dieciocho supervivientes que llegaron moribundos con su capitán. La sólida amistad que forjó en las jornadas más duras de navegación con Juan Sebastián Elcano fue inquebrantable, prueba de ello es que se embarcó con él nuevamente hacia el Maluco, en esta segunda (e igualmente maldita) expedición.

Recordemos que Hernando de Bustamante, a petición de Elcano, fue una de las personas que acompañó al capitán en la audiencia real.

La tradición extremeña sostiene que fue él quien avistó el estrecho de Magallanes por vez primera.

Murió en 1533, con treinta y nueve años, envenenado camino de Malaca. ¿Por qué? ¿Quién? Se ignora. Es otro de esos personajes tragados por la historia.

El maestre Hans, del que ya hemos hablado (aquel lombardero de Aquisgrán), también es otro de los hermanos del alma de Elcano y uno de los dieciocho supervivientes que consiguieron volver a Sevilla bajo su mando. Tampoco duda en alistarse nuevamente con él en la Expedición de Loaysa.

Acabó olvidado por la corona junto a Hernando de Bustamante y otros pobres diablos en las Molucas. No fue una batalla sino una escaramuza entre cuarenta hombres abandonados a su suerte y el ejército luso. Terminó claudicando ante los portugueses. Cuando regresó a casa, años después, tuvo el honor de ser la primera persona en dar dos vueltas al mundo.

Y otro lombardero, esta vez de Brujas, Roldán de Argote. Había sido uno de los trece rehenes que quedaron apresados en Cabo Verde por los portugueses. Cuando regresó a España, gracias a la intermediación de Elcano, se le abonan aquellos cinco meses y veintidós días que estuvo retenido. Se volvió a alistar con Elcano. Sabemos por Urdaneta que recibió un disparo en la cara luchando contra los portugueses, que le dejó malherido. Probablemente falleció al poco, porque de él nunca más se supo.

Juan de Arratia fue uno de los niños que se saltó la adolescencia y volvió convertido en un hombre. Aquel grumete bilbaíno también fue uno de los míticos dieciocho, de hecho, algunos dicen que en la nave Victoria solo hubo dos supervivientes... porque fue, junto a Juan de Zubileta, el único que dio la vuelta al mundo sin cambiar de embarcación.

En la expedición de Loaysa estuvo a bordo de la nao San Gabriel, que volvió desde el estrecho de Magallanes. Luego, silencio.

Y otro grumete, Gonzalo (o Gregorio) de Vigo. También se sumó a la flota de Loaysa, pero de una manera más pintoresca. Ya hemos hablado de él, había embarcado con Espinosa en la Trinidad de vuelta por el Pacífico, pero ante la opción de regresar al punto de partida —y sentenciar una muerte casi segura a manos del enemigo portugués—, optó por jugársela y desertó en la isla de Mao (Maug). Cuatro años después tuvo lugar el feliz encuentro entre aquel chico, hombre ya, y la Expedición de Loaysa en la isla de Guam. Elcano y Loaysa ya no estaban a bordo, habían emprendido su viaje final en el Pacifico, pero Gonzalo se unió a la armada. Será una pieza clave en la lucha contra los portugueses en las Molucas, aunque se le pierde pronto la pista.

Para que una empresa pueda ganar valor y tamaño necesita abordar retos más complejos y ambiciosos. Innovar de distintas maneras, por ejemplo, se desarrollan y prestan nuevos servicios o se venden bienes con los que tenemos menos experiencia, se añaden características complementarias, se inventan nuevos productos, se trabaja en entornos geográficos distintos o para segmentos diferentes o, incluso, se traspasan las fronteras del país de origen. ¡No se descubrió la "redondeza" del mundo para quedarse anclados en un mercado local!

> Es habitual, por tanto, que nos enfrentemos a situaciones imprevisibles tanto con clientes como con proveedores. Desde esa perspectiva, la confianza anima a contratar y a superar juntos las dificultades que puedan surgir. Se apuesta por alinear esfuerzos y recursos en una misma dirección. De este modo, no solo se busca obtener beneficios mutuos, sino también potenciar la confianza hasta un punto en el que sea factible una asociación más intensa y fructífera. En definitiva, se crea un círculo virtuoso.

EPÍLOGO

"De la conducta de cada uno depende el destino de todos"
Alejandro Magno

Y llegamos al final de nuestro viaje, es el momento de reflexionar.

Esta es la historia de un fracaso. De un fracaso que se convirtió en una gesta sin precedentes, protagonizada por unos héroes curtidos en una vida perra y el salitre de mares desconocidos. El hambre y la desesperación para todos, la muerte para demasiados y la gloria solo para unos pocos elegidos, ese fue el balance de la hazaña. Tratamos de desmitificar o, mejor dicho, humanizar a sus protagonistas, con sus errores y sus miserias también visibles.

No olvidemos que los grandes fracasos nos regalan los mayores aprendizajes y favorecen los éxitos futuros. ¿La empresa fue un fracaso? Si atendemos al elevado coste humano y material que se sacrificó, sí, desde luego. Pero fue un rotundo éxito en aspectos de apertura, globalidad, modernización..., tanto, que cambió la concepción del Mundo.

Es la historia de quienes vivieron para contarlo y de quienes murieron en el intento, unos valientes a los que ya casi nadie recuerda. Hemos querido rescatar del olvido las aventuras y desventuras de estos hombres que vivieron en primera persona hechos extraordinarios al otro lado del mundo, tan lejano y fascinante. Se atrevieron a ir más allá (*Plus Ultra*) de las Columnas de Hércules, desafiando a la lógica y a sus propios miedos.

Mientras Portugal nadaba agarrada al bordillo (hacía básicamente navegación de cabotaje costeando por África), aquellos españoles sin complejos se adentraron en el océano Atlántico, traspasando los límites conocidos y coronando la mayor epopeya de la navegación, demostrando que aferrarnos a una zona domesticada, puede impedirnos evolucionar.

Se descubren nuevas tierras, hombres gigantes de la Patagonia o tan menudos como en las Filipinas, costumbres y culturas peculiares, nuevos alimentos y sabores, una flora y fauna desconocida hasta entonces (favorecido también por el reciente descubrimiento de América)… Han visto que no hay monstruos marinos, que el mar no acaba abruptamente en una cascada y certifican que el hombre —con sus particularidades— es en esencia el mismo en todas partes; no camina boca abajo en el otro lado del Mundo o tiene la cara sobre el pecho. Se abandonan los mitos.

La expedición aportó luz, racionalidad y conocimiento científico, se implementaron innovaciones y avances que mejoraron exponencialmente las artes de navegación, la construcción naval y la logística. El mundo se conectó, los océanos dejaron de ser una barrera para volverse caminos que acercaban a las civilizaciones, abriendo nuevas oportunidades comerciales y poniendo fin a los pequeños universos endogámicos.

Según los derroteros y diarios de a bordo, se calcula que, entre ceñidas, bordos y travesías insulares, recorrieron unos 78.000 kilómetros (42.000 millas náuticas) completando en distancia no una, sino casi dos vueltas al mundo.

La exploración del Pacífico sumó once mil kilómetros de circunferencia a los mapas (Ptolomeo había errado al estimar la dimensión de la Tierra en un 28 %) y un inmenso océano, el Pacífico. Se dibuja, por primera vez, la verdadera imagen del mundo: ya no hay mares desconocidos, las fronteras y la mentalidad se ensanchan en un gran paso hacia la globalización, con todo lo bueno y lo malo que eso conlleva.

Pigafetta, el cronista de la expedición, encarna la mentalidad del hombre siglo XVI donde el anhelo de fama empujaba a los hombres a afrontar inimaginables peligros. Se enrolaban en las más extremas aventuras para ser alguien, en pos de la gloria. El dinero era una consecuencia, pero no el principal objetivo. Nuestro *influencer* se embarcó para ver mundo y, como él mismo dejó escrito: "Para hacerme un nombre que llegase a la posteridad".

Resulta triste el desconocimiento que se tiene en España de esta gran aventura. Un capítulo sumergido de nuestra historia que ahora empieza a salir a flote con motivo del quinto centenario. Pero ni eso lo hemos hecho bien. Los homenajes no están acaparando la atención mediática que se merecen, y eso que se han puesto a celebrar el aniversario tres años antes (con la salida de la flota y no cuando se cumplen realmente cinco siglos, que fue con la llegada de la Victoria a casa).

Si le preguntas a un anglosajón quién fue el primero en circunnavegar el mundo, responderá que Francis Drake. Sí, también dio la vuelta al mundo…, pero cuarenta y ocho años después y al estilo inglés: secuestrando al piloto luso Nuño da Silva, asaltando ciudades y barcos, robando el derrotero de Juan Griego… Todo un *sir*.

¿Qué hemos aprendido de esta aventura? Sin duda, que emprender es mucho más complicado y estresante de lo que pensábamos. Magallanes se había lanzado a la aventura empresarial con un pálpito y basándose en algunas *fake news*. No había estrecho. O sí, pero era un río… La mentalidad de Magallanes, su imaginación y su determinación, el pensar "fuera de la caja" y usar globos terrestres caseros —en lugar de mapas planos— para comprender el mundo nos habla de lo especial y visionario que fue.

La expedición había cumplido con su misión de encontrar una nueva ruta a la Especiería. El paso existía y daba salida a un inmenso océano, pero estaba mucho más al sur. Daban fe de que América era un nuevo continente independiente. Pero, por encima de todo, habían alcanzado la gloria al lograr circunnavegar por primera vez este inmenso planeta. Al final nació ese orgullo de pertenencia (que a todas las empresas les gustaría que sintieran sus colaboradores) y que, finalmente, florecería con los supervivientes de la expedición: yo estuve en la flota de las Molucas.

Dos palabras: aprendizaje y desarrollo personal. Nuestra flota se ha encontrado en una situación de constante aprendizaje, asumiendo los retos que se presentan, entrenándose emocionalmente cada día y viviendo siempre en el presente, aquí y ahora, con un espíritu de superación y supervivencia extremos. Han aprendido que un pequeño agujero puede hundir un gran barco, que los problemas que no se solucionan se enquistan y que la comunicación y la confianza son la base de toda relación. A menudo les puede el agotamiento y la frustración, van "sin viento en las velas", pero su compromiso con la empresa, con la misión, y el equipo va a estar por encima siempre de individualismos.

Esa "resiliencia sistémica" de equipo que muestran es crucial para el éxito. La colaboración se hace imprescindible, la exigencia es máxima: sabrán estar a la altura. Ellos, como cualquier equipo de alto rendimiento, están muy unidos a los valores de su cultura empresarial y ostentan un sentido del deber inquebrantable.

Las empresas resilientes son capaces de gestionar la adversidad, reaccionar y adaptarse a los cambios con agilidad, solucionar contratiempos… Es indispensable, por tanto, la capacidad de improvisación, saber gestionar el estrés (postraumático, muchas veces), la toma rápida de decisiones y siempre mostrar una actitud resolutiva.

Estamos hablando de supervivencia. Es vital contar con líderes inspiradores, dotados de la experiencia necesaria, capaces de potenciar lo mejor de sus equipos, empáticos, innovadores y, en definitiva, que creen otros líderes.

¿Compensó tanto esfuerzo, tantas penurias? El estrecho era impracticable: un rosario tortuoso de islotes y hielo, el azote de los temibles williwaws, con sus repentinas y tremebundas ráfagas… La nueva ruta era inviable. El propio Elcano confundió la entrada en la segunda expedición cuando pretendía embocarlo. Unas millas más al sur, se abre limpiamente el paso bioceánico del cabo de Hornos (Chile), descubierto oficialmente el 29 de enero de 1616 por los holandeses William Schouten y Jacob Le Maire. Aunque es otro de los mayores retos de la navegación y se dice que en sus aguas está fondeado el mismísimo diablo. Tres siglos después, en 1914 se inauguró el canal de Panamá que quitó todo el protagonismo al cabo de Hornos.

Elcano fue incapaz de contestar a la pregunta del millón (uno de los motivos de aquel primer viaje): ¿a quién pertenecían las Molucas? Ni él ni nadie podía entonces determinar su posición, habría que esperar doscientos cincuenta años para conocer la longitud, gracias a la medición de las distancias lunares. Para entonces, la ubicación de las Molucas no le importaba ya a nadie…

Como hemos comentado, el Tratado de Tordesillas no era concluyente respecto a la posición —y posesión— de las Molucas. Ambas potencias se echaron un pulso sin tregua y tras años de disputas y reuniones infructuosas (como la que tuvo lugar en Badajoz con cosmógrafos y navegantes de ambos países), finalmente, en 1529 España renunció a sus derechos sobre las Molucas por el Tratado de Zaragoza. Con las nuevas dimensiones del mundo parecía claro que pertenecían a la zona de influencia de Portugal. Después de tanta sangre derramada y tantas vidas que quedaron en el camino, el precio de las islas se cifró en 350.000 ducados de oro.

Carlos V hacía tres años que se había casado con Isabel de Portugal (y había que llevarse bien con la familia política). Además, quería centrarse en América, fuente principal de ingresos para la Corona, siempre falta de efectivo. Las nuevas tierras conquistadas por Hernán Cortes y Pizarro —especialmente el lucrativo descubrimiento de las minas del Potosí y Zacatecas— son un prometedor negocio que desvía la atención de la Especiería.

No obstante, antes de claudicar, la Corona organizó en 1525 dos armadas que partirían con un doble objetivo: asentarse en las Molucas y rescatar —o conocer la suerte corrida— a los compañeros desaparecidos en Cebú. La primera flota de rescate estaba capitaneada por García Jofre de Loaysa, con Elcano por debajo de este en el mando. La segunda, tuvo al mando a Sebastián Caboto.

Resulta incomprensible que, una vez más, Elcano ocupe un lugar por debajo de sus capacidades. En la primera armada, tuvo que esperar su turno mientras iba corriendo la línea de mando… y tuvieron que quedarse sin apenas hombres capacitados para que se le tuviera en cuenta. Recordemos que fue el quinto capitán tras Magallanes, Barbosa, Carvalho y Espinosa. Estuvo un año al mando de la Victoria, desde agosto de 1521 al 6 de septiembre de 1522, cuando llegaron a Sanlúcar de Barrameda.

En esta segunda expedición tampoco ostenta desde el principio el cargo de capitán de la flota, será el segundo de a bordo. Su momento le llega tras la muerte de Loayza en el Pacifico.

Juan Sebastián Elcano que sobrevivió a la furia de las tempestades, resistió el embate de epidemias, hambrunas, motines y emboscadas…

Al final de sus días se lo tragó la historia. Fallecería en el océano Pacífico el 4 o el 6 de agosto de 1526, apenas cuatro años después de su gran gesta, siendo —eso sí— capitán de la nave Sancti Spiritus. Solo hacía cuatro días que le habían designado.

Que las corrientes os sean favorables. ¡Buenos vientos y buena vida!

A los caídos.

AGRADECIMIENTOS CONJUNTOS

A David Meca, por cambiarnos la vida sin ni siquiera proponérselo.

A todos los Helpers que creyeron en nosotros cuando nuestra empresa empezaba a dar sus primeros pasos: Quico, Víctor, Emilio, Julio, Edurne, Mario Alonso, Alejandra…, con vosotros crecimos y aprendimos. Y a todos los que se han ido sumando a nuestro porfolio y a nuestras vidas, amigos ya más que colaboradores: Bisila, Miguel Ángel, Nacho, Javier, Pedro, Inés, Albert, Diego…

A nuestros navegantes y amigos que han prologado el libro: Javier Iriondo (que escribe libros bonitos que cambian vidas, y hace unas tortillas de patata con las que se te olvidan las penas) y Ángel Rielo, nuestro Feliciólogo de cabecera, un humorista al que hay que tomarse muy en serio y con el que tuvimos un flechazo que esperemos dure para siempre. ¡Gracias por tu "rielismo" mágico! (las mejores personas están mal de la cabeza y bien del corazón).

A todos los Helpers que se han sumado con una pildorita en forma de vídeo: Bisila Bokoko, Julio de la Iglesia, Quico Taronjí, Nacho Dean, Íñigo Sáenz de Urturi, José Noblejas, Luis Pasamontes, Albert Bosch. Gracias a todos por la inspiración constante.

Y a Isabel Merino Pella, nuestra editora y amiga, (y no necesariamente por ese orden) por animarnos a sacar el borrador del cajón.

AGRADECIMIENTOS DE RAQUEL

A mis padres, Raúl y María, (¡perdón por la adolescencia tan larga que os estoy dando!) por su apoyo incondicional siempre, como al escoger una carrera donde no iba a correr mucho (¡eh, al final ha servido de algo el título de historiadora!) y por estar ahí cada vez que naufragaba algún proyecto o fletaba otro.

A mi hermana Susi por las risas y la complicidad (eres mala, Muriel). A mis sobrinas, Lucía y Sara, por superar con creces la estirpe y a Juancar, por aguantarnos a todas.

A todos los valientes que se atreven a protagonizar su propia vida.

Y por supuesto a ti, Jesús, mi ancla, mi puerto y mi mar.

Gracias a todos los que estáis leyendo este libro. Nos encantará conocer vuestra opinión y comentarios, escribidnos a:

sanchez.arman@helpersconsulting.com
jripoll@helpersconsulting.com

¡Sigue tus sueños y síguenos a nosotros! Podéis encontrarnos en LinkedIn, Instagram y en nuestro canal de YouTube. Y por supuesto, en nuestra web: www.helpersspeakers.com

AGRADECIMIENTOS DE JESÚS

A mis padres, María y José. Por el cariño, la infancia y la educación que nos dieron a mis hermanos y a mí. Y por los valores que me inculcaron con su ejemplo.

A mi madre especialmente por su amor, por su apoyo incondicional para emprender, cuando desde los veinte años me embarcaba en empresas que muchos otros veían como una locura. Por su generosidad, por su lección de emprendimiento, por sus quince años colaborando con la AECC de Las Rozas, recaudando fondos, acompañando a tantos enfermos sin familia y por su lección de vida cuando le tocó enfrentarse ella misma, con serenidad, a esa mortal enfermedad.

A mi padre especialmente por contagiarme su afición por el mar y la navegación a vela. Por las noches de niño, de aventura, pescando y durmiendo en la isla desierta de Altea, cuando era un pueblo que despertaba al turismo. Y por seguir ahí, compartiendo ratos, deporte y navegación.

A Raquel, mi compañera de vida. El 7 de septiembre del 2022, quinientos años después de que Elcano completara su vuelta al Mundo, cumpliremos diez años navegando y emprendiendo juntos.

Gracias por vencer tu miedo al mar y atreverte a navegar conmigo, incluso en embarcaciones sin mucha más tecnología que hace quinientos años, salvo una radio, en zonas donde no se divisa tierra.

Gracias por confiar en mí siempre, incluso en tiempos de tormenta, como aquel día en Formentera, cuando el mar hundió e hizo encallar a varios veleros —que nos doblaban en tamaño—, en Cala Saona donde estábamos. No puedo ni imaginarme lo que padecieron los tripulantes de la expedición de las Molucas en sus tres años.

Gracias por descubrirme la historia de Elcano, por dejarte las pestañas durante meses —años— leyendo todos los legajos y documentos del Archivo de Indias, los libros publicados, por hacerme escuchar mil y un pódcast sobre ello y contagiarme la pasión por esta increíble historia.

Gracias por invitarme a ser parte de este libro. Toda una aventura, toda una empresa.

Contigo al fin del Mundo.

GLOSARIO

Aceleradora: Impulsadora de *startups* en su fase semilla o inicial. Ayudan a un tener un rápido crecimiento a través de financiación, herramientas, formación, mentores...

Al pairo: Quedarse la embarcación parada por falta de viento.

Altobordo: Embarcación de costados altos.

Ampliación de capital (ronda de): Incremento del número de acciones de una empresa. Se solicita dinero a los accionistas o se abre la veda a nuevos inversores.

Benchmarking: Ojear a la competencia, estudiar sus productos, servicios y prácticas.

Big data: Otro de esos conceptos de moda para hablar de la gran cantidad de datos que circulan por las redes y darle un barniz interesante a la información.

Bitácora (cuaderno de): Diario de navegación donde se recoge la derrota (rumbo) y datos relevantes de la travesía.

Best place to work: Título pomposo de "somos guay" que a menudo se compra para lucir en las estanterías de LinkedIn.

Bonus: Incentivo económico para la consecución de objetivos.

Brain storming: Lluvia de ideas, herramienta de trabajo grupal en un ambiente creativo.

Burn out: Síndrome del empleado quemado, cronificación del estrés laboral.

Burbuja: Crecimiento desproporcionado y peligroso... que generalmente acaba explotando. Enseguida vamos buscando todos los grandes titulares y nos encanta encumbrar las empresas casi tanto como explotar su burbuja en cuanto los números empiezan a deslucirse.

Business angel: Inversores privados, fondos…, en empresas emergentes. Es ese alma caritativa (generalmente un pequeño inversor) que te dará dinero en una fase inicial. Puede tener una parte de mentor o mecenas.

Cabrestante o cabestrante: Rodillo para cobrar el cabo o la cincha (maroma).

Cabotaje (navegación de): Costear, navegar cerca del litoral sin perder de vista "el siguiente cabo".

Calafatear: Sellar las juntas de madera de una embarcación con estopa o brea para que no se filtre el agua.

Carenar: Reparar el casco de la embarcación.

Cargos *tailor made* (a medida): Véase gerente de la felicidad…, *chief happiness officer*. También sirve para enchufados y contratados a dedo.

Castillo de proa/popa: Superestructura sobre la cubierta principal, se suele alojar allí el camarote o camarotes principales.

Circunnavegación: Dar la vuelta al mundo navegando.

CODIR: Comité de dirección, órgano de gestión. Definen el rumbo de la empresa.

Cofa: Plataforma de vigía en lo alto de los palos mayores.

Company builder: Grupo que se alía con los emprendedores para gestar una empresa desde cero.

***Corporate* o *headquarters*:** Parte administrativa y central de una gran empresa o multinacional.

***Core business*:** Negocio o actividad principal de una empresa.

***Crowdfunding*:** El *crowdfunding* es la financiación masiva entre un grupo de personas. Por lo general, a cambio de su dinero, los mecenas reciben algún tipo de recompensa física o virtual.

***Crowdlending*:** Inyección puntual de dinero que te saque del apuro. Generalmente seguida de otro fuego y otra nueva necesidad de financiación. Ahorradores aislados te prestarán el dinero que deberás devolver en el plazo estipulado y con una serie de intereses. Vamos, el prestamista de toda la vida…

***Coworking*:** Un espacio (con decoración industrial) donde van a trabajar los teletrabajadores con niños, pareja y perro en casa. Es el equivalente en adulto a ir a estudiar a la biblioteca.

Chalupa: Bote de remos, barca auxiliar para bajar a tierra.

Chief Happines Officer **CHO:** Director de Felicidad que vela por el bienestar del empleado. Es un puesto de reciente incorporación en las empresas y, lamentablemente, no se les destina el presupuesto necesario.

Dashboard: Aplicación o documento que recoge las principales métricas para el seguimiento de la consecución de objetivos.

Deadline: Fecha de entrega de un proyecto o servicio. Al igual que el *timing*, rara vez se cumple…

Derrotero: Rumbo marcado.

Desarbolar: Desmontar los palos (mástiles) de una embarcación.

Disrupción: Otro *trending topic* empresarial. El término se puso de moda con la fulgurante aparición del modelo de negocio de Uber, que tanto gustó a los taxistas. Lo malo es que la comparación se ha usado hasta la extenuación… "Es el Uber de x" (también vale para Airbnb, Spotify…).

Early stage: Primeros pasos de la compañía (fase semilla): creación del producto, validación del negocio, consecución de usuarios o clientes…

Edadismo: Discriminación por razones de edad. ¿Tienes cincuenta años y te han despedido? Emprende.

Elevator pitch: Discurso breve e impactante usado a modo de "tarjeta de presentación". Se necesitan solo siete segundos para saber si algo nos gusta…, aplícate.

Employee experience: Experiencia del empleado. Cada vez más empresas —afortunadamente— están poniendo el foco en su cliente interno, sus trabajadores, preocupándose por su bienestar y su formación. Clave para la retención de talento. ¿Los beneficios? Mejorar la productividad, mejorar la productividad y mejorar la productividad.

Encuesta de clima: Preguntas para medir el estado de ánimo de los trabajadores respecto a su bienestar y satisfacción. Por supuesto, pocas veces coinciden con la realidad por el miedo a decir la verdad y sus posibles consecuencias.

Engagement: Fidelidad, compromiso de los trabajadores o clientes con la empresa.

Escalabilidad: Básicamente, que tu empresa pueda crecer de manera rentable y no viva por encima de sus posibilidades, que tus ingresos aumenten más que tus gastos… Es de primero de emprendedor.

Exit: ¡Enhorabuena! Acabas de vender tu *startup* y ya eres un triunfador.

Expansion stage: Fase de expansión, ampliando tus límites geográficos o sectoriales y aumentando de manera considerable las miras de tu negocio. Viento en popa a toda vela.

Family office: Se encargan de gestionar grandes patrimonios, tradicionalmente se han involucrado en sectores como el inmobiliario, el financiero, el energético…

FFF (*Fools, Friends and Family*): Locos, familiares y amigos… ¿Quiénes si no iban a apoyar de inicio tu descabellado plan empresarial? (entiéndase *business ángel* no profesional).

Fit cultural: Encajar en la cultura empresarial.

Flagship: Tienda pintona, la joya de la corona que todos los *retailers* usan para sacar pecho.

Fondo de inversión: Son los listos que invierten cuando ya estás demostrando que el negocio es rentable. Su inversión suele ser generosa y exigente, aunque no se van a implicar mucho más.

Fuego de San Telmo: Descarga luminiscente provocada por una tormenta eléctrica que ioniza el aire.

Gallardete: Bandera acabada en punta para engalanar la embarcación.

Garrear: Desplazamiento del ancla una vez fondeada la embarcación por las corrientes o el viento.

Gualdrapear: Flameo de los trapos o velas por falta de viento. Golpeteo de la tela contra los palos.

Hard skills: Complementando a las *soft skills*, las competencias duras son las que han sido —hasta ahora— esas cualidades que se buscaban en un empleado: dominio de un idioma extranjero, títulos, programación…, requisitos técnicos sin reparar en el "encaje" del nuevo empleado.

Headcount: Recuento de cabezas, literal. Si a muchos la sensación de ser solo un número en la empresa los desmotiva, que tengan en cuenta que —efectivamente— solo son uno más dentro del rebaño.

Headhunter: Cazatalentos que va en busca de perfiles especializados. En realidad, suele tratarse de gente sin talento que busca a personas que sí que lo tienen.

Incubadora: Acogen en un mismo espacio a empresas y emprendedores (muchas veces solo tienen una idea) con un buen precio de alquiler, servicios básicos... y poco más. A menudo hay incubadoras con ínfulas de aceleradora que se implican más.

Influencer: Pereza máxima pero, en fin, allá vamos. Dícese de la persona profesional en molar mucho y que supuestamente te va a ayudar a impulsar tu negocio siendo prescriptor previo pago.

Innovación: El término más usado... y vacío de contenido real.

Izar: Subir, elevar, levantar... Generalmente se usa para subir las banderas.

Jarcia: Conjunto de aparejos y cabos de una embarcación.

KPIs: Indicadores de desempeño. Acrónimo de *Key Performance Indicators.*

Maroma: Cuerda gruesa generalmente usada para fondear. Estaba hecha de cáñamo o esparto.

Mindset change: Mentalidad de lo posible, cambio del chip. Predisposición para creer que se puede mejorar. Reprogramación mental.

Modelo de negocio: Las bases sobre las que se crea una empresa, explica el tipo de actividad, a quién va dirigido, cómo se va a vender, qué se va a ofrecer al mercado...

Navegar en conserva: Todos los barcos navegaban juntos "como sardinas en lata" y al ritmo del más lento.

Out of the box: Frase hecha estadounidense, literalmente, pensar fuera de la caja, es decir, echar mano de la creatividad, nueva perspectiva. Como dicen, antes de pensar fuera de la caja tienes que hablar con los que están fuera de la caja...

Pabellones: Banderas que indican la nación, no todas la banderas son pabellones.

Pertrechar: Abastecer de todo lo necesario (alimentos, herramientas, utensilios...).

Plan financiero: Documento que recoge la proyección de gastos y beneficios. Se establecen los objetivos económicos generales y se refleja la estrategia.

Plan de negocio: Documento formal que recoge los puntos principales del proyecto.

Phantom options/shares: Opciones ficticias con un compromiso de pago futuro si se dan las condiciones pactadas (no suelen darse). Plan de incentivos.

Polímata: Persona con grandes y variados conocimientos en modo "aprendizaje constante".

Portulanos: Colección de mapas.

Reparación de fortuna: Dícese del hago lo que puedo con lo que tengo… Solución de emergencia —léase chapuza— ante una avería, usando lo que se tiene a mano hasta llegar a tierra.

Resumen ejecutivo: Sumario o síntesis de las principales cifras y puntos clave de un negocio. Plan empresarial en miniatura.

ROI: Retorno de la inversión. Cuantificar las ganancias, comparándolas con lo invertido.

Rolar: Cambio del viento que hace escorar la nave de una banda a otra.

Rondas de inversión: Cuando el negocio pide pan… es necesario financiar su crecimiento hasta que llegue a la rentabilidad. O hasta que te quedes sin pan.

Sentina: Compartimento inferior de una embarcación situada sobre la quilla y donde se solía acumular el agua.

Soft skills: Concepto cansino por excelencia, "competencias blandas" (vs. *hard skills*). Resiliencia, flexibilidad, adaptación al cambio, actitud positiva, trabajo en equipo, proactividad, creatividad, liderazgo…, son algunas de las más valoradas. Parece poco apropiado el término de "blandas" cuando es algo tan relevante. Nos gusta más llamarlas "habilidades humanas".

Startup: Empresa de reciente creación con gran potencial de crecimiento en un tiempo récord. Suelen ser empresas tecnológicas. Todas las *startups* son empresas, pero no al revés.

Timing: Previsión del tiempo estimado para concluir un proyecto. Generalmente no se cumple.

Unicornio: Empresa emergente, generalmente tecnológica con futbolín y pufs de colores, con una valoración en el mercado que supera mil millones de dólares. Como todo termino modernillo, acaba desvirtuándose. Dejemos de alimentar al unicornio cuando no procede.

Varar: Encallar una embarcación en un banco de arena o roca. También se usa para denominar cuando se saca del agua una embarcación para repararla, limpiar…

Venture capital: Inversiones en *startups* ya más maduras, aunque todavía con bastante riesgo, ya que seguramente la compañía aún no sea rentable o estable. El dinero suele provenir de fondos de inversión o *family offices*.

Verga del trinquete: Trinquete es el mástil vertical, el segundo en tamaño. Verga es el palo o percha perpendicular.

Viabilidad: ¡Bravo! Tu empresa marcha lo suficientemente bien como para ser rentable. Pero no te apalanques.

Welcomepack: Obsequio de bienvenida. Generalmente una *cacafuti* pero… ¡cómo nos gustan las chuminadas gratis!

Work-life balance: Encaje de bolillos donde los hilos que se enredan son tu trabajo, tu familia y tus aficiones. Vamos, la conciliación de toda la vida ahora, con el teletrabajo, un poquito menos utópica.

BIBLIOGRAFÍA

"Carlos V y sus banqueros". R. Carande. 2ª ed. Editorial Crítica, S.L., 2004.

"Carta de Juan Sebastián de El Cano al Emperador, dándole breve relación de su viaje en la armada de Magallanes y de su regreso en la nao Victoria, en La primera vuelta al mundo". Sebastián el Cano (2012) [1522]. Madrid, Miraguano-Polifemo.

"Carta elación escrita por Maximiliano Transilvano de cómo y por qué y en qué tiempo fueron descubiertas y halladas las islas Molucas, donde es el propio nascimiento de la especiería, las cuales caen en la conquista y marcación de la Corona Real de España". Maximilano Transilvano (2012) [1522]. En "La primera vuelta al mundo". Madrid, Miraguano-Polifemo.

"Carta de Antonio Brito al Rey de Portugal sobre algunos sucesos en la India y los del viaje de Magallanes". Antonio Brito. En Fernández de Navarrete, t. II.

"Cartas, crónicas y relaciones del descubrimiento y la conquista". Walter Mignolo. 1982.

"Circunvalando la redondez del mundo. Las fuentes documentales". M. A. Colomar Albájar. 2018. En "La vuelta al mundo de Magallanes-Elcano. La aventura imposible 1519-1522". M. D. Higueras Rodríguez (Dir.). Editorial Planeta, S.A.

"Conquistadores olvidados. Personajes y hechos de la epopeya de las Indias". Daniel Arveras.

"Crónica general de Indias, historiadores primitivos de Indias". F. López de Gomarra. Madrid, t. I. Editorial Atlas, 1946.

"El descubrimiento del estrecho de Magallanes". P. Pastels. Madrid, 1920.

"El segundo descubrimiento. La conquista de América narrada por sus coetáneos (1492-1589)". Beatriz Pastor. Barcelona, Edhasa, 2008.

"Elcano, los vascos y la primera vuelta al mundo". Daniel Zulaika. Amazon.

"Elcano, viaje a la historia" y el blog "Ruta Elcano". Tomás Mazón, autor de las obras de referencia actuales sobre el tema.

"En el archipiélago de la Especiería. España y Molucas en los siglos XVI y XVII". Javier Serrano Avilés y Jorge Mojarro Romero.

"Expediciones al estrecho de Magallanes y Tierra del Fuego". Javier Oyarzún Iñarra. Madrid, Cultura Hispánica, 1976.

"Fernando de Magallanes". Francisco Majó Framis. Madrid, 1944.

"Fernando de Magallanes". Leoncio Cabrero Fernández. Madrid, 1987.

"Historia general de los hechos de los castellanos en las islas y tierra firme del mar Océano que llaman Indias Occidentales (1601-1615)". Martín Fernández de Navarrete.

"Historia general y natural de las Indias". Gonzalo Fernández de Oviedo. Madrid, Atlas, 1959, 5 t.

"Historia natural y general de las Indias" (Libro XX). Gonzalo Fernández de Oviedo. 1852. Madrid, Real Academia de la Historia.

"Información recibida por el alcalde de casa y corte, Santiago Díaz de Leguizamo, en que declaran el capitán de la nao "Victoria" Juan Sebastián Elcano, Francisco Albo y Fernando de Bustamante, sobre distintos pormenores del viaje de la primera vuelta al mundo". Archivo General de Indias, Patronato,34,R.19.

"Informaciones sobre sueldos, mercancías y mercedes relativas a la armada a la Especiería organizada por Fernando de Magallanes". A.G.I., Contaduría, 425, N.1, R.1, folio 95r.

"La cruzada del océano". José Javier Esparza. Amazon.

"La flota de las especias". Luis Mollá. Books 4Pokets.

"La primera circunnavegación del mundo. Tragedia humana y triunfo de una empresa imposible (1519-1522)". S. Bernabéu. 2018., En "La vuelta al mundo de Magallanes-Elcano. La aventura imposible 1519-1522". M. D. Higueras Rodríguez (Dir.). Editorial Planeta, S.A.

"La primera vuelta al mundo". Antonio Pigafetta. Traducción de Isabel de Riquer. Alianza, 2019.

"La ruta infinita". José Calvo Pollato. Editorial Harper Collins.

"La travesía final". José Calvo Pollato. Editorial Harper Collins.

"La venganza de la geografía". Robert D. Kaplan. Amazon.

"La vuelta al mundo de Magallanes y Elcano: La gran odisea naval". Enrique Martínez Ruiz.

"Libro que trata del descubrimiento del estrecho de Magallanes". Gines de Mafra. Publicado por Antonio Blázquez y Delgado Aguilera, bajo los auspicios de la Real Sociedad Geográfica. Madrid, 1920.

"Los cedularios de oficio y de partes del Consejo de Indias: sus tipos documentales (s. XVII)". Antonia Heredia Herrera. 1972. Anuario de Estudios Americanos, Escuela de Estudios Hispanoamericanos de Sevilla, XXIX, 1–37.

"Los primeros tiempos de la colonización... Magallanes y la primera vuelta al mundo". A. Melon. Madrid, Salvat, 1952.

"Magallanes. El hombre y su gesta". Stefan Zweig. Traducción de José Fernández. Capitán Swing, 2019.

"Magallanes y Elcano: travesía al fin del mundo". Gabriel Sánchez Sorondo. Audiolibro.

"Maluco. La novela de los descubridores". Napoleón Baccino Ponce De León. Barcelona, Plaza y Janés, 1997.

"Nadie lo sabe". Tony Gratacós. Editorial Ancora y Delfín.

"Obras de...". Martín Fernández de Navarrete. Madrid, Atlas, 1964, t. II. (contiene las relaciones de Transilvano, Brito, Albo, etc.).

"Relación escrita por Maximiliano Transilvano de cómo y por quién y en qué tiempo fueron descubiertas y halladas las islas Molucas, donde es el propio nascimiento de la especiería, las cuales caen en la conquista y marcación de la Corona Real de España". Maximilano Transilvano (1946) [1522]. En "Colección de los viages y descubrimientos", Martín Fernández de Navarrete, Tomo IV.

"Relatos y relaciones de viaje al Nuevo Mundo en el siglo XVI". Blanca López de Mariscal. Madrid, Polifemo, 2004.

"Viajes y descubrimientos españoles en el Pacifico: Magallanes, Elcano, Loaysa, Saavedra". Martín Fernández de Navarrete. Editorial Facsimil.

DOCUMENTACIÓN Y BIBLIOGRAFÍA SOBRE LIDERAZGO, MANAGEMENT Y DESARROLLO PERSONAL

"Cociente Agallas". Mario Alonso Puig. Espasa Hoy.

"Cómo ganar amigos e influir sobre las personas". Dale Carnegie. Simon and Schuster.

"Despierta". Anthony de Mello. Gaia.

"Donde tus sueños te lleven". Javier Iriondo. Ediciones Oniro.

"El elemento". Ken Robinson. Debolsillo.

"El lado positivo del fracaso". John C. Maxwell. Betania.

"El poder del ahora". Eckhart Tolle. Gaia.

"El viaje del héroe". Robert Dilts y Stephen Gilligan. Ridgen Institut.

"Eres más de lo que piensas". Alejandra Vallejo Nágera. Espasa.

"Gladiador o esclavo, tú decides". Loida Primo. Bubok.

"Gregarios". Luis Pasamontes. Alienta.

"Hagámoslo". Richard Branson. Arcopress.

"La inteligencia emocional". Daniel Goleman. Kairos.

"La niña que todo lo quería saber: la curiosidad". Teresa Viejo. Harper Collins

"La nueva fórmula del trabajo". Laszlo Bock. Conecta.

"La vida te está esperando". Javier Iriondo. Zenith.

"Las 21 cualidades indispensables de un líder". John Maxwell. Nelson.

"Las siete leyes espirituales del éxito de Deepak Chopra". Grupo editorial Norma.

"Liderazgo imperfecto". Jordi Alemany. Azimut.

"Los líderes comen al final". Simon Sinek. Empresa Activa.

"Pequeño libro de la felicidad". Ángel Rielo. Alienta/Planeta.

"Poder sin límites". Tony Robbins. Debolsillo, Clave.

"Quédate conmigo. 20 claves para enamorar a tus clientes… y que se queden contigo". Javier Benavente Barrón. Luna Nueva.

"Reinventarse, tu segunda oportunidad". Mario Alonso Puig. Plataforma Actual.

"Salta contigo. ¿Y si eliges ser valiente?". Fernando Botella. Alienta.

"Todo se puede entrenar". Toni Nadal. Alienta/Planeta.

"Tus zonas erróneas". Wayne Dyer. Debolsillo, Clave.

"Un ataque de lucidez". Jill Taylor. Debate.

"Vivir es un Asunto Urgente". Mario Alonso Puig. Aguilar.

"Vivir la vida con sentido". Victor Küppers. Plataforma Actual.

LIBROS DE INSPIRACIÓN, BIOGRAFÍAS, SUPERACIÓN, AVENTURAS DE NUESTROS HELPERS

"Catorce veces ochomil". Edurne Pasabán. Alienta/Planeta

"Corazón de rey". Sergio Maravilla Martínez. Planeta.

"De la actitud al éxito". José Luis Abajo Pirri. Triunfa con tu libro.

"El libro del *networking*". Cipri Quintas. Alienta.

"El miedo es de valientes: los secretos de un TEDAX para desactivar el miedo y pasar a la acción". Julio de la Iglesia. Alienta/Planeta.

"La fuerza de un sueño". Teresa Perales. Conecta.

"Libre y salvaje". Nacho Dean. Alienta/Planeta.

"Lo que aprendí del dolor". Jacobo Parages. Plataforma.

"Mañana lo dejo". Pedro García Aguado. Amat.

"Aislado. Viaje interior de un náufrago". Quico Taronjí. Harper Collins.

"No limits". Albert Llovera. Planeta.

"Pequeño libro del amor". Ángel Rielo. Alienta/Planeta.

"Pequeño libro que hará grande tu vida". María Fernández. Alienta.

"Renacer en los Andes". Miguel Ángel Tobías. Luciérnaga.

"Solo". Álvaro Vizcaíno. Ediciones B.

"Soñar es poder". Juan Verde. Aguilar.

"Vivir para sentirse vivo". Albert Bosch. Ediciones B.

"Yo no temo a los tiburones". David Meca. Alienta/Planeta.

Helpers Speakers

Helpers Speakers, nació como resultado de una crisis personal y profesional de Raquel S. Armán y Jesús Ripoll. Él tuvo un punto de inflexión a raíz de la grave enfermedad de su hermano Pablo, y fundó la consultoría Helpers Consulting para disponer de tiempo para ayudarle.

Un año después, fue Raquel quien sintió que necesitaba dar un golpe de timón. Una conferencia motivacional le cambió la vida —tras organizar una convención, acabó marchándose a trabajar con el ponente, David Meca—. Algo más de un año después, nacía Helpers Speakers, como un *spin off* de Helpers Consulting.

En Helpers Speakers hacen las cosas con cariño, sin pensar en «el algoritmo», buscando siempre un impacto positivo, tanto en las empresas como en la sociedad.

La faceta solidaria está presente desde el inicio. Y lanzan un mensaje en una botella: "somos pequeñitos, artesanos, porque no queremos ser los más grandes… ¡sí los mejores!".

Es muy difícil competir contra ellos porque les apasiona lo que hacen.

Conoce a todos los protagonistas de los vídeos, los prólogos y a nosotros mismos en:

http://www.helpersspeakers.com

www.ingramcontent.com/pod-product-compliance
Lightning Source LLC
Chambersburg PA
CBHW080451220526
45465CB00006B/2228